이미 좋은 사람인 당신은
조금의 단호함과
약간의 용기가 필요할 뿐입니다.

자신에게 먼저 좋은 사람이 될
당신에게
한 울큼의 용기를 전합니다.

부디 당신의 하루가
무탈하고 편안하길 바랍니다.

김예은

* *

개인정보 보호를 위해 등장하는 인물은 신분이 드러나지 않도록 하였으며, 더 큰 공감을 끌어내기 위해 화자와 사연을 각색하였습니다.

저자 고유의 글맛을 살리기 위해
표기와 어법은 저자의 방식을 따랐습니다.

모든 사람에게
좋은 사람일 필요는 없어

김 유 은 지음

작가의 말

『모든 사람에게 좋은 사람일 필요는 없어』가
출간된 지 6년 차를 맞이했습니다.
독자님들께서 주신 따뜻한 사랑 덕분에
특별개정판이 탄생할 수 있었습니다.
오랜 시간 공들여 전면 수정한 원고들과
애틋한 마음으로 적어낸 미공개 원고들을
정성 들여서 담아냈습니다.

모호하고 애매한 인간관계 앞에서 자주 헤맸습니다.
어른이 되었어도, 사회인이 되었어도,
아무리 시간이 지나도
여전히 인간관계는 어려웠습니다.
나의 거절이, 상처가 될까 봐.
나의 의견이, 고집이 될까 봐.
나의 친절이, 부담이 될까 봐.

관계라는 건 혼자서 할 수 없는 일이기에,
내가 아닌 누군가의 마음까지
함께 손잡고 가야 한다는 것이
무척이나 조심스러웠습니다.
사람 때문에 더는 다치고 싶지 않았고
나로 인해 남들도 아프지 않았으면 싶었습니다.
담담하지도, 덤덤하지도 않았지만
괜찮은 척 용기를 내었습니다.
사람과 사람이 만들어낸 다양한 관계 안에서
때론 넘어지고 가끔 슬프더라도
분명한 것은 성장하고 있다는 사실이었습니다.

삶과 사람은 떨어져 있을 수 없는 존재입니다.
삶은 혼자서 살아가는 것이라고 하지만
우리는 누군가와 함께이고 싶어 합니다.
각자의 삶을 사는 것이 인생이라고 하지만
나의 인생이 누군가의 인생과 마주하고 겹치고
때론 엇갈리고 머무르기도 하면서 살아갑니다.

우리 모두 유일한 '나'라는 존재이지만
친구, 연인, 배우자, 동료, 선후배 같은 단어들이
종종 '나'를 지칭하는 단어가 됩니다.
삶에서 만나는 많은 관계가 어떤 모양이라 해도
자신을 잃지 않으며 살아가길 바랍니다.
가시 같은 관계에서 의연하게 멀어질 담대함과
얼음 같은 관계에서 담대하게 등 돌릴 의연함과
나다움을 잃게 만드는 이로부터 떠나올 용기를
전해주고 싶습니다.

사람에 아파 본 사람은
사람을 좋아했기에 아팠던 것입니다.
여전히 저도 사람이 좋습니다.
그리고 아마 앞으로도 가끔 아파할지 모르겠습니다.
그래도 전과는 다르게
상처에 머물러 있지만은 않을 것입니다.
흘러갈 이들을 흘러가게 만들고
다가오는 이들은 꼭 끌어안으며
소중한 인연을 만들어 가고 싶습니다.

아직, 세상에는 좋은 사람들이 더 많습니다.
따뜻하고 다정한 사람들 안에서
더 많이 웃고, 부지런히 행복해지길 바랍니다.

이 책은 자신에게 좋은 사람이 되고 싶은
모든 이들에게 바치는 책입니다.

모든 사람에게 좋은 사람일 필요는 없습니다.
'나'와 '나의 사람들'에게 좋은 사람이 될
당신의 모든 여정을 진심으로 응원합니다.

현명하고 지혜롭게 잘 살아낼 당신에게
온 마음을 다해 진심으로 바라봅니다.

더 이상 사람 때문에 힘들지 않기를.

작가 김유은

목 차

004 　　작가의 말

001 어느 날 고됨이 다가와도, 다시금.

014 　　그렇게 괜찮아진다
016 　　어느 날 슬픔이 오더라도, 다시금.
022 　　그래도 나답게
027 　　오늘을 살아낼 힘
033 　　대담한 발걸음
037 　　자신에게 너그러워지기 어렵다면
039 　　삶
040 　　온전한 위로
045 　　부디 조금만 아파주라
047 　　나아감에 대하여
051 　　"잘하고 있어."
053 　　'괜찮아'에 숨겨진 말
055 　　조금 기다려야 할 때
060 　　이것 또한 지나가리라
065 　　하늘과 땅 사이 그 어딘가에서
067 　　당신이라는 존재의 아름다움

071   마음을 쓰지 않는 것뿐
072   오늘 하루도 잘 버텨낸 너에게
073   행복은 고난을 동반
075   오직 나의 시간을 위해서
079   달라져도 괜찮다
084   설익은 마음
085   남에게 관대한 만큼
092   다 잘될 거야
093   머지않아 괜찮아지는 일만 남았다

002   나는 여전히 나에 대해서 알아가는 중이다.

100   행복의 온도
108   지지 않는 벚꽃
110   나는 강아지 엄마입니다
118   가장 따뜻한 말
119   주는 만큼 받지 않아도, 행복할 수 있어.
125   나의 바람은
126   시작을 망설이고 있다면
132   오래된 사랑
138   나는 여전히 '나'에 대해서 알아가는 중이다
141   나의 가장 어린 선생님
147   다가올 인연에게
151   소중한 날들이다

156   함께하는 사랑

158   물든 사람, 물든 사랑.

159   나의 편

167   재미있는 삶

173   낭만

174   '말'이 가진 힘

181   내일을 희망으로 바라보는 일

182   쉬어가도 될 것 같아서

184   마음의 먼지

186   멀어져야 찾아오는 행복

190   마음의 골든타임

192   이제야 보이는 당신의 날들

003 당신은 이미 충분히 좋은 사람입니다.

202   오랜 시간 동안 함께하기 위해서

203   누군가의 말에 휘청이지 말 것

210   모두에게 좋은 사람이 되는 것을 포기했다

215   알아 온 시간 보다 알아갈 시간

223   서로가 서로에게 진심이 닿는 그 순간에

229   추억과 기억이 가진 다른 힘

236   모든 관계에는 적당한 거리가 필요해

242   조금 무거운 관계

243	무례함으로 가득 찬 사람을 마주했다면
250	인간관계에서 중요한 것은
256	그때, 그 다정함은 진심이었을까.
262	서로를 조심히 여기는 다정한 마음
266	문득 그리워지는 누군가가 있다면
272	그때의 나에게 고맙다
273	자신을 위한 거절을 연습해야 한다
280	어떤 사람과 가까이 지내야 할까
286	씁쓸한 아쉬움
287	당신의 탓이 아니에요
294	함께 노력하는 둘이었기에
295	상대를 높이는 건 나를 높이는 것과 같다
299	미래의 어느 순간에도 함께했으면 좋겠다는 마음으로
302	그리 울어서, 그리움이라고.
303	연이 다해버린 관계 앞에서 할 수 있는 건
304	그렇게 아팠으니까, 이제 더 성장하겠네.
309	사람과 불필요한 마찰을 줄이고 싶어서
316	봄이 오기 전, 왜 겨울이 있는지.
323	그리움이었다
325	다정한 관계의 기본
331	남은 생은 부지런히 행복하길
339	선물 같은 인연
346	관계 안에서 자주 몸살을 앓고, 헤매고 있다면.
349	당신은 이미 충분히 좋은 사람입니다.

"기쁜 일은 주저 없이 즐기시고,
슬픈 일은 의연하게 넘기시길."

다시금

고됨이 다가와도

어느 날

그렇게
　　괜찮아진다

우리는 익숙해지면서 괜찮아진다. 상실의 공허함에 익숙해지고, 실패의 아릿함에 익숙해지고, 고난의 먹먹함에 익숙해진다. 한때 소중했던 이가 떠나고, 어느 날의 꿈이 지워지고, 끝나지 않을 것 같은 터널을 걷는 것 같은 날들을 지나오며 깨닫는다. 이 모든 것들은 언젠가 겪어냈었다는 것을. 조금만 더 버티면 다시 평범한 일상으로 돌아갈 수 있다는 걸 알게 된다.

먹먹한 감정에 익숙해진다는 건 그만큼 강해졌다는 뜻이다. 낯설었고 힘들었을 먹먹함을 익숙하다 느낄 만큼 버텨냈다는 증거이다. 비로소 견뎌냈기에 차근차근 괜찮아지는 법을 깨닫게 된다. 상실이 만들어 낸 깊은 골은 시간이 지나며 차츰차츰 메워진다. 실패했어도 다시 할 수 있다는 걸 배우며 그토록 바라던 목적지에 점차 가까워진다. 고난의 시간도 하나의 과정임을 인정하며 담대함을 배워간다. 그렇게 괜찮아진다. 때론 아파하고, 넘어지고, 무너지며, 우리는 괜찮아진다.

어느 날 슬픔이 오더라도,
다시금.

좋은 일이 오면 기다렸다는 듯이 나쁜 일이 뒤이어 찾아왔다. 기뻐하는 상황을 질투하기라도 하는 것 같았다. 한 번도 예상하지 못했던 난감한 일들이 벌어지기도 했다. 좋은 일의 끝에는 나쁜 일이 찾아온다는 걸 은연중에 징크스처럼 믿게 되었다. 점차 시간이 지나자, 나는 기뻐하는 걸 눈치 보고 있었다. 좋은 일이 있으면 실컷 좋아해도 되는 걸 알면서도 멈칫거렸다. 지금 너무 기뻐하면 나중에 올 불행에 더 힘들어질 거라는 걱정이 마음 한구석에 자리했었다. 찾아온 기쁨에게 애써 냉정하게 굴었다. 어차피 언젠가 떠날 거라는 것을 알기 때문에, 이 순간을 덜 즐기고 나중에 덜 불행해지는 게 낫다고 생각했다.

그렇게 지내기를 꽤 오랜 시간이 흘렀고, 기쁨이 오면 웃을 줄 모르는 사람이 되어있었다. 뜻하지 않게 곤두박질하는 순간이 덜 슬펐으면 싶어서, 기쁜 감정을 자제하려고만 했던 결과였다. 밤공기가 좋다는 이유로 한번 웃는 법을, 좋은 일이 생겼다고 신이 나서 친구에게 재잘재잘 자랑하는 법을, 무심코 들어간 식당에서 음식이 너무 맛있다며 즐거워하는 법을 모두 잊은 채 살아가고 있었다. 찾아올 불행을 대비하면서 살아가는 일상의 색은 무채색과 다름없었다. 텁텁했지만 애써 괜찮다 생각했다.

 친구의 생일을 축하하러 가는 길에 지하철역 출구 앞의 꽃집에서 작은 꽃다발을 사서 선물했다. 작약 세 송이와 유칼립투스 줄기 몇 개가 전부인 아담한 꽃다발이었다. 조그마한 꽃다발을 받고서 아이처럼 좋아하는 친구의 모습을 보는데, 보고 있는 나까지 행복해지는 것 같았다. 저렇게나 솔직하게 기뻐할 수 있는 그녀가 내심 부럽기까지 했다. 꽃향기를 맡으며 너무 기쁘다며 고맙다는 미소를 보자, 내가 살아온 마음가짐이 잘못되었음을 알 것 같았다. 마음껏 기뻐하고 슬퍼하는 것 또한 사람이라서 누릴 수 있는 특권이었다.

 기쁜 일에 실컷 좋아해 봤던 게 언제였는지 싶었다. 이왕이면 평온하고 싶다는 이유로 무덤덤하게 살려고 노력하고 있었다. 소소한 좋은 일이 찾아와도 대충 웃고 넘어갔다. 많이 기뻐하지 말자며 나를 타일렀다. 감정에 동요하지 않아야 일상이 흐트러지지 않는다는 착각에 빠져 있었다. '모든 사람에게 좋은 사람일 필요는 없어' 초판본이 여러 나라의 언어로 번역이 되어 출간되었다고 할 때도 크게 기뻐할 수 없었다. 너무 좋아해버리면 그만큼의 불행이 올지 모른다는 불안감 때문이었다. 일본에서 번역된 책이 베스트셀러로 높은 순위에 있다는 연락을 받고서도, 최대한 담담하게 기뻐하려 노력했다. 괜히 좋은 일에 풍선이 떠 오르듯 두둥실 올라갔다가, 날카로운 가시 같은 불행이 나를 터뜨릴 것 같았다.

안온한 감정으로 살아가고 싶다는 이유로 모든 기쁨 마저 외면하고 싶지 않았다. 설령 기쁨 뒤에 불행이 찾아온다 해도 괜찮을 것 같았다. 기쁨도 슬픔도 최소로 느끼려고 담담하게 살아가는 것보다, 기쁨도 슬픔도 모두 담대하게 받아들이며 살아가는 걸 선택했다. 좋은 일은 좋아하고, 감사하며, 기쁨이라는 행운이 찾아온 순간을 마음껏 누리려 노력했다. 때론 안 좋은 일이 삶에 그림자를 드리우면 걱정하고 초조해했지만, 좌절하진 않았다. 나쁜 일이 왔다면 다시 좋은 일만 남았다는 뜻이니 포기하지 않고 힘을 냈다. 생각의 순서를 바꾸자 덜컥 찾아오는 불행도 그다지 무섭지가 않았다.

 슬픔이 두려워 기쁨까지 잃어버리는 것은 바보 같은 일이다. 즐거움이 찾아오면 기꺼이 팔 벌려 맞이하고, 어려움이 다가오면 담대하게 받아들이는 법을 깨닫는 건 어려워도 꼭 해야 하는 숙제 같은 것이다. 기뻤던 순간이 무색해질 정도로 아픔이 온다 하더라도, 그 아픔 역시 희미해질 만큼의 더 큰 기쁨이 올 거라는 걸 이제는 안다. 오르락내리락하는 감정의 곡선 위에서 미끄러지기도 하고 신나게 올라타기도 하면서 깨닫게 될 것이다. 어금니를 꽉 깨물면서 울음을 애써 삼키지 않아도 된다는 사실을 말이다.

촘촘하게 차곡차곡 쌓이고 있는 작은 기쁨들이 마음을 다부지게 만들어주는 법이다. 소소한 기쁨은 별일 아니라 넘어가 버릴 감정이 아니라, 나에게 찾아와줘서 고맙다는 인사를 건네야 할 존재이다. 은은한 미소를 짓게 만들어준 기쁨들이 모여서 만들어진 단단함은 앞으로 다가올 일들을 보다 더 의연하게 넘어갈 힘이 되어줄 것이라 믿는다.

다시금 크고 작은 감정들에 섬세하게 반응하고 또 받아들이는 연습을 하고 있다. 웃어야 할 일에 웃고, 슬퍼할 일에 눈물지을 수 있는 인간다움을 느끼는 중이다. 독자님들이 보내주는 응원 메일에 행복함으로 하루를 채우고, 서점 사이트 도서 리뷰 칸에 적어주는 정성스러운 감상문 덕분에 그날을 기쁨으로 기억한다. 어쩌면 내일 당장 아득한 슬픔이 오더라도 다시 살아낼 수 있는 이유는, 이렇게 다시 찾아올 행복이 있음을 알기 때문이다.

독자분이 책을 가져오셔서 사인을 부탁하시면 사인과 함께 꼭 적어드리는 문구가 있다. 진심으로 나의 모든 독자분이 기뻤으면 좋겠고, 혹시라도 어느 날 슬픔이 오더라도 다시금 기쁜 일로 덮어내시길 바라는 마음이다.

> **"기쁜 일은 주저 없이 즐기시고,
> 슬픈 일은 의연하게 넘기시길."**

그래도 나답게

　사람들은 별생각 없이 쉽게 뱉은 말들이겠지만, 은근한 무시가 섞인 말이 자꾸 마음에 생채기를 만들었다. 가만히 있어도 따끔거리고, 작은 소음에도 금방이라도 왈칵 눈물이 쏟아질 것 같았다. 타인의 평가에 흔들리지 말자고 다짐했지만, 휘청이는 마음을 잡아주기는 역부족이었다. 내 나름대로는 최선을 다해 살아가는 삶인데, 쉽게 평가절하해 버리는 말들이 귀에 맴돌았다.

　좋은 말을 해야지, 좋은 글을 읽어야지, 좋은 글을 써야지 한없이 나를 다잡았었다. 세상에서 진짜 내 모습을 알고 있는 사람은 나 하나뿐이니, 타인의 모난 말에는 귀 기울이지 말자고 마음을 붙잡았다. 괜찮아졌다가도, 금세 풀 죽어버리고 말았다.

사람에게 너무 지쳐서일까, 사람들의 목소리를 듣는 것도 버거웠다. 유튜브 영상을 볼 때도 소리를 꺼놓고 자막만 봤고, 한동안은 원고 작업할 때 가수들이 부른 노래도 듣지 못했다. 재즈나 클래식 음악만 들으며 지내야 했다. 어떤 날은 글 쓰는 일이 너무 생경하게 느껴질 정도로 힘들기도 했다. 내가 앞으로 글을 써서 살아갈 수 있을지 두려워질 정도로 아득함이 몰려왔었다.

'대충 아무거나 쓰면 돼서 쉬울 듯.' '요즘 아무나 다 작가 하잖아.' '요즘은 글 못써도 운만 좋으면 책 잘 팔리는 거 아닌가.' '짧은 문장 몇 개 짜깁기 해서 쓰는 거 나라면 하루에 100개라도 쓰겠다.' 같은 수많은 말들이 나를 종종 괴롭혔다. 부지런히 글을 공부하고, 열심히 쓰고 또 썼던 내 지난 시간들이 저런 말들 앞에서 부정되는 것만 같았다. 글을 쓰는 일에 관해서는 대충해 본 적도 없고, 아무거나 쓴 적도 없었다. 글은 내 전부였고, 어떻게 해서라도 지키고 싶은 내 삶이었다. 가슴이 아팠지만 반박할

힘도 없었고, 아니라고 말할 용기도 나지 않았다.

  오랜 친구를 만났다. 그녀를 보자 긴장이 풀려서, 학생으로 돌아간 것처럼 이야기했다.
  "나는 시시한 사람이 되었어. 꿈을 꾸고 포기하지 말라는 말을 했던 사람인데, 이제 내 꿈을 지켜내는 것조차 버거워. 나는 게으르고 한심한 사람인 걸까. 때때로 과거를 후회하고 지금의 나를 책망해. 이렇게 엉망인 내가 과연 글을 써도 될까. 더 열심히 공부하면 나아지겠지? 그런데 있잖아. 어떤 걸 더 열심히 해야 할지 모르겠어."

  고교 시절 소설책들을 서로 빌려주며 같이 읽었던 그녀는 내 문학 메이트이기도 한데, 나를 보며 이렇게 말했다.
  "너는 단 한순간도 열심히 살지 않았던 적이 없어. 늘 열심히 살았어. 항상 뭔가를 해보려고 노력하면서 살아왔잖아. 뭘 더 열심히 하려고 하지 마. 너 잘하고 있어."

그 말을 듣는데, 왈칵 눈물이 쏟아졌다. 어쩌면 내가 가장 듣고 싶었던 말이었던 것 같다. 나에게 필요했던 건 무엇을 더 해봐라, 어떤 걸 더 노력해라. 이런 걸 고쳐라, 더 부지런해져라, 이런 말이 아니었다. 나조차 나에게 해주지 못했던 노력에 대한 인정이 절실했던 것이다. 남에게 수없이 건넸던 응원의 말이 실은 내가 듣고 싶었던 말일지도 모르겠다.

욕심에 비해 가진 능력이 턱없이 부족해 가끔 한 번씩 힘에 부친다. 그럴 때면 흘려들어도 될 타인의 말이 기어코 가슴에 박혀서 잘 빠지지 않는다. 가시가 걸린 것처럼 자꾸만 신경 쓰이고 주눅이 들곤 한다. 아직도 내 마음의 지반은 약하다. 언제나 다부지고 용감하게 살아가고 싶지만, 마음처럼 되지 않는다. 마음의 지반이 부서지면 한동안 파인 곳을 메꿔가느라 마음에 몸살이 들곤 한다.

바라는 건 평화롭고 안온한 마음가짐으로 사는 것이지만, 아마 앞으로도 이렇게 주춤거리는 날이 찾아올 것을 안다. 녹록지 않은 삶에서 흐물흐물하게 살아갈 수는 없다. 이렇게 마음의 고비를 한번 지나고 나면 또 한동안 별일 없었던 사람처럼 기운차게 지낼 것이다. 그러다 또 마음이 주저앉은 날에는 '나는 여전한 나'라는 사실을 기억하려 한다. 아무리 누가 뭐라 한다 해도, 나를 무시하거나, 나의 글을 폄하하고, 내 책을 깎아내린다고 하여도 '나'는 언제나 열심히 쓰기 위해 최선을 다하는 '여전한 나'라는 걸 잊지 않을 것이다. 혹여 어제의 나처럼 휘청이다 무너질 것 같은 마음으로 살아가고 있다면, 말해주고 싶다. 쉽게 꺾여 넘어지지 않도록 단단히 두 발을 땅에 두고 일어나라고. 그리고 잊지 말라고. 당신은 언제나처럼 여전히 멋진 사람이라는 사실을.

오늘을 살아낼 힘

 대기업에 취업한 후배가 갑자기 찾아온 적이 있었다. 취업 준비를 하느라 힘들었던 시간을 이야기하고 싶어서 오는 것 같았다. 그녀는 학생 때부터 늘 부지런한 사람이었기에, 성인이 되어서도 마찬가지로 그녀답게 잘살고 있을 게 훤히 보였다. 어엿한 사회인이 된 그녀는 내 생각과는 다르게 고민이 많아 보였다. 남들이 말하는 좋은 회사에 들어간 사람인데도, 그다지 기뻐 보이지 않았다.

 대뜸 본인의 고민을 토로했다. 학생이라 당연히 공부해야 하니까 공부했고, 괜찮은 성적을 받아서 괜찮은 대학교에 입학하고, 다들 준비하는 영어 공인 시험 성적이며 공모전 상장이며 봉사 경험을 만들고, 괜찮은 회사에 취업했던 일련의 과정이 무슨 의미인가 싶다며 한숨지었다. 듣기만 해도 치열하고 대단한 과정이 왜 그녀에게는 의미 없는 시간이 되었는지 궁금했다.

그녀의 꿈은 항상 고유명사였다. 십 대 때는 가고 싶은 대학교가 꿈이었고, 대학생 때는 원하는 회사 이름이 꿈이었다. 그리고 그녀는 기특하게도 자기가 목표한 모든 꿈을 이뤄낸 사람이었다. 십 대의 본인이 꿈꿨던 대학교에 입학하고, 이십 대의 자신이 꿈이라 칭했던 회사에 입사했다. 참 잘했다고 자랑스럽게 여기기만 해도 부족한 날들인데, 그녀에게는 후회되는 날들이었다. 한 번도 고유명사가 아닌 꿈을 생각해 본 적이 없기 때문이었다.

"언니, 이제 나는 꿈이 없어졌어요. 혼자 고민 많이 했거든요. 이제 내 다음 꿈은 뭔지 아무리 생각해 봐도 모르겠어요. 꿈을 적는 칸이 있다면 부장이라고 적어야 할까요. 아니면 상무이사라고 해야 할까요. 아니면 승진이라고 적어야 할까요."

그녀에게 어렸을 때 다른 꿈이 없었냐고 물어봤다. 어느 대학, 어느 회사, 이런 것 말고 진짜 꿈이기에 꿈꿔볼 수 있는 것들이 없었는지 물었다. 그녀는 곰곰이 생각하더니 자신도 까맣게 잊고 있었던 꿈을 떠올렸다. 그녀의 꿈은 자신의 엄마 같은 엄마가 되는 것이었다. 회사에서도 집에서도 슈퍼맨처럼 모든 걸 잘 해내던 엄마를 꿈꾼 소녀는 현실에서 목표를 정하다 보니 꿈이 고유명사가 되어있었다.

그녀는 어린 날 본인의 꿈을 곱씹어보고는 웃음 지었다. 귀여웠던 꿈이지만 지금의 자신이 꿈꿀 수 없는 꿈이라 했다. 다정한 배우자를 만나 둘을 닮은 아이를 낳고 화목한 가정을 꾸리고 싶지만, 지금의 자신에겐 너무 어려운 일이라며 고개를 저었다. 한때의 꿈이었을 뿐이라며, 자신을 꿈이 없는 사람이라 지칭했다.

꿈은 조금 무모해도 괜찮다. 후배가 어렸을 때 꿨던 꿈처럼 '엄마 같은 좋은 엄마가 되기' 같은 꿈도 그렇고, 내 어렸을 때 꿈이었던 '베스트셀러 작가가 돼서 기부하기' 같은 꿈도 마찬가지이다. 그 꿈을 꿀 당시에는 아무것도 없는 상태이기 때문에 비현실적으로 보일 수밖에 없다. 앞으로의 내가 어떤 삶을 살아가게 될지 아무것도 모르기 때문에 커다란 목표 하나를 정해놓는 것이다.

후배는 지금 서울의 집값과 물가 상승률, 자신이 받게 될 연봉을 비교하며 걱정했다. 주변 사람들에게 들은 이상한 남편들 모음집 같은 이야기를 하며 있지도 않은 미래 배우자의 불륜과 시월드를 고민했다. 아이를 키우는 데 드는 비용을 찾아보며 돈이 없으면 아이도 못 키우는 세상이라며 푸념했다. 자신은 좋은 사람을 만난다는 확신도 없고, 설령 결혼하더라도 좋은 엄마가 된다는 보장도 없어서 꿈을 포기한다고 말했다.

그녀에게 정해진 건 아무것도 없다고 말했다. 어떤 사람을 만나게 될지, 결혼할지 안 할지, 아이를 계획할지 안 할지, 심지어 그녀가 앞으로 지금 취업한 회사를 계속해서 다닌다는 것마저도 확실한 게 아니다. 아무것도 정해지지 않았기에 살아볼 만한 게 삶이 아닐까 싶었다. 안되는 이유만 찾다가 하고 싶은 것들을 꿈꿔보지도 못하는 건 너무 슬픈 일이다.

꿈을 꿔봐야 욕심이 생기고, 욕심이 생겨야 다음 단계로 넘어가는 계단을 더 힘있게 올라갈 수 있다. 미리 자신의 꿈을 재단하지 않았으면 좋겠다. 불가능을 속단한 과거의 자신을 원망하지 않게, 일단 모든 가능성을 열어두고 마음껏 꿈을 꿔도 괜찮다.

나는 지금도 꿈을 꾼다. 그렇기에 하고 싶은 일도 많고, 하는 일도 많다. 수필 원고를 쓰면서 소설을 공부하고, 소설을 습작한다. 잠을 줄여 시나리오를 공부하고, 시나리오를 습작한다. 누군가는 나에게 무모한 꿈을 꾸고 있다고 말할지도 모른다. 그리고 나조차 내 꿈이 어떻게 될지 모른다. 과거의 내가 꿨던 꿈이 이루어진 지금처럼, 지금의 내가 꾸는 꿈을 미래의 내가 이뤄낼지는 확언할 수 없다. 다만 확실한 것은 그 꿈을 위해 부지런히 그리고 열정적으로 살아갈 것이라는 사실이다.

꿈에는 과거형의 서술어가 어울리지 않는다. 현재형의 시제가 알맞은 법이다. 과거에만 머물러 있었던 꿈을 뒤로하고 현재 시제의 꿈을 새로 만들어야 한다. 어떠한 모양이라 해도 상관없다. 내일로 나아갈 원동력이자 오늘을 살아낼 힘이 되어줄 것이다. 꿈을 향해 간절히 걸어가는 수많은 발자국이 모여 결국은 이루어질 거라 믿는다. 그 꿈이 무엇이라도.

대담한 발걸음

 최선을 다하려 노력했지만, 최선을 선택하지는 못했다. 돌아가야 했던 길들, 남들보다 뒤처졌던 시간들, 불안하기만 했던 날들. 모든 것은 최선을 고르지 못한 나의 탓인 것 같았다. 앞서가는 사람들을 보며 할 수 있는 것은 자기 연민이 전부였다. '불쌍한 나'라며 부질없는 동정심만 키워나갔다. 인생에서 헤매는 시간을 보내는 건 불쌍한 게 아니라 더 성장하기 위해서는 꼭 지나가야 할 순간을 살아가는 것뿐인데, 그걸 알지 못했다.

 지금이야 지나고 나니 별것 아닌 것들이, 당시에는 거대하게 다가왔었다. 대학 입시 실패, 재수, 늦어진 취업, 모든 것이 엄청난 결점 같았다. 한동안 스스로 내린 결정을 믿지 못했고, 선택하는 걸 두려워했다. 또 잘못된 길을 가게 되면 어떡하지. 불안감이 내면의 깊숙한 곳에 자리 잡았기 때문이었다.

인생의 방향키를 가지고 있는 사람이 확신이 없으니, 내 배는 자주 휘청거렸다. 그러던 날을 보내던 중, 당시 일하고 있었던 학원의 동료 강사였던 언니와 카페에 갈 일이 있었다. 우리 사이는 딱 직장동료의 친밀함, 그 정도였다. 서로 깊은 이야기는 하지 않고, 적당히 친절한 사이였던 그녀가 나에게 말했다.

"세상은 진짜 결과만 봐요. 그건 어쩔 수 없는 팩트에요. 그러니까 과정에서 좀 돌아가더라도 어때요. 꼭 지름길로만 가지 않아도 되고, 1등으로 도착하지 않아도 돼요. 어느 길로 왔든, 마지막에 들어왔든 상관없어요. 목표에 들어가기만 하면 되는 거잖아요."

그녀가 나에게 그 말을 해준 이유를 물어본 적은 없다. 그때의 내가 갖고 있었던 불안감이 보였던 탓인지, 아니면 진짜 그녀 인생의 모토였는지는 모른다. 그 이후로 나도 학원을 그만뒀고, 그녀도 뒤이어 그만뒀다. 그래도 우린 때때로 연락하고 속마음도 터놓을 수 있는 친한 사이가 됐다. 그녀는 몇 년 후 의학전문대학원에 합격했다. 나는 '모든 사람에게 좋은 사람일 필요는 없어' 책이 출간되고 순식간에 베스트셀러 작가로 자리매김했다.

나도 그녀도 그 당시에는 지금의 우리 모습을 아무도 예상하지 못했다. 영화 주인공들처럼 스포츠카를 몰고 나오는 멋진 결말은 아니더라도, 각자의 목표에 도착했다. 누군가의 기준에는 늦었을지 몰라도 괜찮다. 그 과정 안에서 너무 많이 넘어졌어도 그 또한 괜찮은 일이다. 남이 뭐라 하여도 본인이 가고 싶었던 목적지에 도착했다는 게 중요한 사실이다.

모든 일에서 최선만을 선택할 수는 없다. 차선을

선택하기도 하고, 때로는 차차선을 선택해야 할 수도 있다. 길을 헤매기도 할 테고, 막다른 길 앞에서 당황으로 물들기도 할 것이다. 헤매는 사이에 누군가는 벌써 목적지에 도착했다는 소식이 들려올지도 모른다. 그래도 흔들릴 것 없다. 남의 속도와 성과에 연연하기엔 우리는 부지런히 걸어가야 할 아주 바쁜 사람들이다.

  유감스럽게도 최선을 선택하지 않는 경우가 더 많을 것이다. 남들은 쉽고 빠르게 가는 길을 돌고 돌아서 가느라 지칠지도 모른다. 최선이 아니어도 괜찮고, 조금 돌아가느라 고생해도 괜찮다. 틀림없이 원하던 그곳을 향해 걸어가, 본인의 목표를 또렷하게 만들어 낼 것이다. 그 어떤 길이라 해도 주저하지 않고 걸어갈 대담한 발걸음을 응원한다.

자신에게 너그러워지기 어렵다면

 그냥 한 번 넘어가도 좋다. 실수 한 번으로 그동안의 모든 노력을 헛된 취급 하지 않아도 된다. 툭 튀어나온 돌부리를 잠깐 보지 못해서 발이 걸려 넘어진 것뿐이다. 그것을 가지고서 자신의 부족한 점을 일부러 찾아낼 필요는 없다.

 이상하리만큼 스스로에게는 너그러워지는 것이 무척이나 어렵다. 더 잘하고 싶고, 성장하고 싶은 마음에 각박하게 본인의 마음을 벼랑 끝으로 내몰지 않았으면 좋겠다. 과거의 본인을 질책할 것 없고, 아직 오지 않은 미래의 모습을 상상하면서 서두를 필요도 없다. 이제부터 해나가면 되는 것이고, 차근차근 시작하면 되는 것이다.

설령 늦었다 해도 포기하지 않고 해보려는 용기를 낸 자신에게 필요한 건 응원이다. 실수로 길을 잘못 들었다 하더라도 목적지를 향해 가려는 끈기를 놓치지만 않으면 된다. 뜻대로 되지 않은 삶에서 모든 걸 다 본인 탓으로 넘기느라 마음을 다칠 필요는 없다. 쉽지 않은 인생의 길목에서 가끔 눈물짓더라도 다시 꿋꿋하게 일어나 걸어가는 자신을 기특하게 여기며 명랑하게 미소 짓길 바란다.

숨 한번 깊게 들이쉬고 조금의 여유를 가져도 된다. 부지런히 어여쁘게 걸어가는 지금의 본인에게 잘하고 있다고, 치열했던 오늘을 너그러이 안아주면 좋겠다. 다급해진 마음에 조금의 여유를 선물하며 걸어가기를.

삶

삶이 녹록지 않을 때
잠시 기대어 보는 기억이 있다.
살아감이 팁팁하기만 할 때
머금어 보는 추억이 있다.
사람에 지쳐버렸을 때
다시 온기를 얻는 인연이 있다.

언젠가의 기억과 어느 날의 추억과
누군가의 인연으로
우리는 오늘을 버텨내고 내일을 살아간다.

버거운 세상에서
잠시 마음 누일 곳이 있음에 감사하면서.

온전한 위로

 어떤 위로의 모습도 모두 포근하지만, 가장 좋아하는 위로의 방법은 잘 들어주는 것이다. 가만히 들어준다는 행위가 주는 특유의 편안함과 따뜻함이 있다. '이런 일을 겪었어, 그것 때문에 마음이 헝클어져 있어,' 쉽게 말할 수 없었던 이야기를 꺼낸 용기까지 안아주는 단단한 위로의 마음이 좋다.

 위로라는 단어를 생각하면 거창한 것을 떠올리곤 한다. 전에 겪었던 비슷한 일화를 들려주거나, 멋진 문장을 만들어 어른스러운 조언을 해줘야 하는지 고민할지도 모른다. 사실 진짜 힘들 때는 조언이나 이야기가 귀에 잘 들어오지 않는다. 아무리 위로의 뜻으로 전한 경험담이라 해도 듣는 사람에게는 그 의미가 그대로 전달되지 않을 때가 더 많다.

　선배에게 고민을 털어놓은 적이 있었다.
　"언제까지 작가로 일할 수 있을지 모르겠어서 불안해요."
　선배는 내 말을 듣고는 대답했다.
　"야, 그래도 너는 상사 없잖아. 나는 아주 우리 팀장 때문에 죽겠어. 다 자기만 옳대. 기획안 올리면 별 하찮은 걸로 트집 잡아서 사람을 아주 들들 볶아. 너는 혼자 일하잖아. 그리고 솔직히 누가 너한테 작가 하라고 협박한 거 아니고, 네가 좋아서 한 일인데. 그런 걸로 힘들다 하면 안 되지."

　그 말을 듣고 할 수 있는 건 고개를 끄덕이며 그녀의 말을 동의하는 것 뿐이었다. 이 사람에게 내 상황을 굳이 더는 설명하지 않아도 될 것 같았다.

무슨 말을 해도 나보다 더 힘든 사람은 본인일 테니, 아무 말도 할 수 없었다. 내 고민을 들어준다고 해서 만난 자리였는데, 그녀가 회사에서 힘든 일을 하소연하는 자리로 변해있었다. 그러다 월급을 제때 안주는 회사에 다니는 그녀의 후배 이야기가 나오고, 코인 투자를 잘못해서 돈을 잃은 그녀의 동료 이야기까지 나오고 나서야 자리가 마무리됐다.

그때 내가 필요했던 건 나보다 더 힘든 사람이 살아가는 이야기가 아니었다. 믿고 의지했던 선배가 그저 내 이야기를 들어주기만 바랐을 뿐이다. 속 시원하게 말해보지 못한 마음을 여기서라도 터놓으면, 다시 내일부터 힘내서 살아갈 숨구멍이 생길 것 같았다. 상황에 대한 객관적인 판단이라던가, 나와 비교도 되지 않을 큰일을 겪은 사람들의 안타까움 같은 건 도움이 되지 못했다. 점점 더 시간이 흐를수록 주변에 사람이 많아지지만, 힘듦을 털어놓을 사람은 없어지고 있다.

더 힘든 사람도 있기 때문에 좌절하지 말라는 응원의 표현일 수도 있다. 막상 따지고 보면 나쁜 상황이 아니라 괜찮은 편이니 너무 걱정하지 말라고 좋은 뜻으로 한 것일지도 모른다. 하지만 혼자서 힘겹게 참아내다가 남에게 겨우 토로할 정도로 지친 사람에게는 '너는 힘든 편도 아니니 고민할 필요도 없어.'라고 의미가 와전되고 만다.

"힘들다." 이 말의 뜻은 '내가 세상에서 제일 힘들고, 겪고 있는 고통이 누구보다 크니까 모두 나를 보고 안쓰럽게 여기면서 위로해 줘.'가 절대 아니다. 단지 '나 요즘 힘든 일이 있는데 내 이야기 좀 들어줘. 한 번 속 시원하게 이야기하고 나면 다시 또 걸어갈 수 있을 것 같은데.' 이 뜻이다. 별로 힘들지도 않은 문제를 가지고 엄살을 피우는 게 아니다. 주저하다가 꺼내어본 '요즘 좀 힘들다'는 한마디는 아주 큰 용기일 것이다. 특별한 위로나 이야기를 해주지 않아도 된다. 잠시 곁을 내어주어 이야기를 들어주는 것만으로도 충분한 위로이다.

누구에게도 말하지 못하고 혼자서 꾹꾹 눌러 담고 있는 힘듦이 있다. 한 번쯤 앓는 소리 해보고 싶어도, 괜히 듣게 될 말이 먼저 걱정되어서 머금게 된다. 그 정도로 약한 소리 하면 안 된다고 왈가왈부할 자격은 아무에게도 없지 않을까. 겉으로 봤을 때 밝아 보였던 사람이 짙은 한숨으로 물든 목소리로 말한다면, 어깨 한번 두드려 주고, 손 한 번 잡아주는 것만으로도 온전한 위로가 될 것이다.

  혼자서 꾸역꾸역 감정을 참는 법만 배우게 되고, 쉽게 마음을 털어내지 못하는 오늘의 당신에게 말해주고 싶다.

  오늘 하루도 잘 버텨내 주어서 고맙다고.

부디 조금만 아파주라

 울지 말라는 말이 눈물을 그만 흘리라는 뜻이 아니다. 그저 감내하고 이겨내라는 뜻도 아니다. 울더라도 조금만 울길 바라는 것이다. 너무 많이 울어 눈가가 짓무르듯 마음이 짓물러버릴까 봐, 마음이 헐어버릴까 봐, 걱정됐을 뿐이다.

 사소한 서글픔이 쌓여 터져버렸을 수도 있고, 갑자기 초라해진 마음에 슬픔이 차올랐을 수도 있고, 겨우겨우 붙잡고 있던 유리 같았던 마음이 와장창 깨졌을 수도 있다. 시간에 기대어 슬픔이 흐려지기를 기다리는 동안, 자신을 너무 미워하지 않기를 바란다.

슬픔의 안개가 자욱하게 차오르면 누가 좀 꽉 안아주면 좋겠다는 생각이 들 때가 찾아온다. 쌀쌀맞고 날카로운 말에 베어버린 당신의 마음을 있는 힘껏 안아본다. 별다른 말은 하지 않아도 괜찮다. 참지 말고 슬픔을 다 토해냈으면 한다.

다만 부탁이다. 부디 조금만 아파주라.

나아감에 대하여

 삶을 살아가는 데에 중요한 것은 속도가 아니라 방향이라는 말이 있다. 얼마나 빠르게 가고 있느냐보다 어느 곳을 향해서 가고 있는지를 살펴야 한다는 의미이다. 나도 크게 공감하는 말이지만, 방향을 잡고 부지런히 걸어가다 보면 더 중요한 것이 있음을 알게 된다. 그 방향으로 가도 좋다는 자기 선택에 대한 '믿음'이다.

 손에는 지도가 있고, 도로 위에 이정표가 있어도 멈칫거리게 된다. 가야 할 목적지도 정했고, 그곳을 향해 갈 방향을 잡았는데도 발걸음이 무겁게 다가오기 일쑤이다. 가고 싶었던 길이 분명히 있지만, 갑자기 길을 잃은 것 같은 기분이 찾아온다. 가려고 했던 곳은 어디인지, 왜 그곳으로 가려고 했었는지 모든 것이 혼란스러워진다.

그럴 때면 무심하게 쏟아지는 나쁜 생각들에 흠씬 두들겨 맞게 된다.
'하겠다고 큰소리칠 때는 언제고 이제 와서 무서워하다니 나는 왜 이 모양일까, 막상 해봤는데 잘못되면 어쩌지, 남들이 보면 뭐라고 생각할까, 나는 왜 잘하는 게 하나도 없을까, 대체 나는 왜 이렇게 일이 안 풀리지.'

부정적인 감정들은 꼬리에 꼬리를 물면서 기하급수적으로 늘어난다. 나쁜 생각들이 하는 일이라고는 자존감을 바닥으로 떨어지게 만드는 것이 전부다. 자신이 부족하다거나 바보 같은 것도 아니고, 마음이 약해서도 아니다. 누구에게나 오는 망설임과 두려움일 뿐이다. 처음 걸어보는 길이기에 처음 느끼는 불안감에 중심을 잡기란 쉬운 일이 아니다.

막상 걸어가려고 하면 맑은 날만 계속되지 않고 갑자기 궂은 날씨가 찾아온다. 굵은 빗줄기가 끊임없이 내리기도 하고, 천둥 번개까지 치면서 곧 무너질 것처럼 소란스러운 날이 오기도 한다. 길을 잘못 들어온 것은 아닌지, 괜히 이 방향으로 가겠다고 고집부린 건 아닌지 후회할 수도 있다. 그럴 때면 좋은 날이 있으면 나쁜 날도 있는 것이라고 가벼이 생각했으면 좋겠다. 잠깐 다가온 얄궂은 힘듦에 절망으로 주저앉지 않아도 된다. 메마른 땅에는 꽃이 피어나지 않는다. 꽃은 비가 온 뒤에 피어나는 법이다. 거칠게 불어오는 바람이 있어야 크고 강한 파도가 일어 앞으로 나아가게 된다. 누구보다 활짝 피어날 꽃인 당신은, 거친 바람이 만든 커다란 파도를 타고 자신의 목적지에 가까워져 있을 것이다.

 지켜야 할 것도 많고, 이뤄야 할 것도 많아 멈칫하게 될지 모른다. 지금 잘 가고 있는지 의심되는 순간도 찾아올 것이다. 마음이 약해질 것 같고 휘청일수록 본인의 능력을 의심하지 말아야 한다. 지금까지 잘 해왔다는 자신에 대한 믿음을 단단히 붙잡고서 나아가면 된다. 잘 해낼 것이라는 확신이 필요한 때이지, 실패라는 불확실성에 움츠러들 순간이 아니다. 일렁이는 물결처럼 잠시 흔들거리다가도 어깨 펴고 자신의 가능성에 집중하며 다시 걸어 나가면 된다. 충분히 잘 해왔으니, 순간의 어려움에 멈추지 않을 당신의 단단함을 응원한다. 담대함을 가지고 당신이 결정한 방향을 믿으며 나아갈 차례이다.

"잘하고 있어."

  몸이 지친 것처럼 마음이 지쳤을 때가 오기도 한다. 단순히 힘들다는 감정과는 다른 결의 느낌이다. 마음의 체력을 다 써버린 탓에 어떤 일을 대할 때 의기소침해지고 만다. 잘 해내고 싶다는 의지가 만들어낸 두려움이기도 하고, 잘 해내지 못할 것 같은 의심이 만들어 낸 걱정이기도 하다.

  지난날을 후회하고, 오지 않은 일을 걱정하다가 결국 마주하는 건 불안함이다. 불안하다는 건 그만큼 치열하게 살아왔다는 증거이자, 더 성장하고 싶은 의지의 다른 모습이다. 불안함을 이길 수 있는 것은 완벽하지 않아도 애틋한 자신의 인생을 아껴주는 마음이다. 꼼수에 기대지 않고, 요행을 바라지 않고, 작지만 기특한 노력과 열정들이 모여 만들어진 인생이다. 그것보다 더 찬란하고 대단한 게 또 있을까.

마음이 지칠 때면 찾아오는 불안감에 주눅이 들 필요는 없다. 착실하게 시간이 흘러가듯, 그만큼 삶의 지혜도 조금씩 쌓아지고 있다. 결코 이 불안에 지지 않을 단단함이 당신에게 있음을 잊지 않았으면 좋겠다. 용감하게 걸어가고 있는 자신에게 말해줄 차례다.

"그래, 이만하면 잘하고 있어."

'괜찮아'에 숨겨진 말

 괜찮다는 말 한마디에 숨겨야 하는 감정들이 꽤 무겁다. 뜻대로 풀리지 않은 수많은 일들과 아무리 시간이 지나도 어렵기만 한 인간관계, 어른이 되었어도 아직도 낯설고 복잡한 일투성이인 세상살이에 자주 외로워졌고 때론 길을 잃은 기분이 들었다. 괜히 남에게 약해 보이는 모습을 보이고 싶지 않아서 괜찮다는 대답으로 어물쩍 넘어가려 했다.

 잘 지낸다는 말에 눌러 담아야 하는 현실은 텁텁하기만 하다. 지금의 모습은 과거의 내가 설렘으로 상상했던 것과는 한참이나 다르다. 애정 어린 걱정을 듣고 있는 것이 이제는 버겁기도 하고 미안해서 그저 잘 지낸다는 가벼운 웃음으로 애써 지나간다. 살아감의 무게는 절대 가볍지 않은 것일 테니, 용감하게 지내다 보면 정말 잘 지내는 날이 올 것이라 믿으며 미소 짓는다.

  혼자서 내뱉는 한숨이 익숙해질 만큼 힘들었던 시간도 있었고, 모든 걸 포기해야 하나 싶을 정도로 방황했던 순간도 있었다. 모든 게 잘 풀려서 걱정 하나 없는 날들은 아니지만, 그래도 잘 버티며 썩 괜찮게 지내고 있다. 기쁨으로만 가득하지는 못해도 날마다 열심히 살아가고 있다는 것만으로도 나를 기특하게 여기는 마음의 여유도 생겼다. 어딘가에서 자신의 하루를 어여쁘도록 열심히 버텨낸 당신도 무척이나 고생하였다.

  "참 잘 걸어주어 고맙다."

조금 기다려야 할 때

 작가로 자리 잡기까지 쉬웠던 적은 한 번도 없었다. 삽화가 사라진 채로 잘못 인쇄된 책을 그대로 판매하려 했던 출판사도 있었고, 인세를 주지 않으려고 내 연락을 피하던 출판사도 있었다. 무엇 하나 쉬운 일이 없었다. 순탄치 않았던 과정마다 들었던 생각이 있었다.
 '왜 하필 나는 작가가 되고 싶은 걸까.'

 많고 많은 일들 중에서 왜 작가를 하고 싶어 해서, 이렇게 된 건지 스스로 원망하기도 했다. 누군가가 내게 핀잔주듯 했던 남들 살 듯이 평범하게 살면 안 되냐는 말이 머리에 맴돌았다. 그럴 때면 주변 사람들이 모두 평온하고 행복하게만 보였다. 안정적인 직장과 월급. 구체적으로 그려지는 미래. 모든 것이 좋아 보였다. 다른 사람들이 좋아 보일수록 내 인생이 초라하게 느껴졌다.

인세를 정산해 주지 않는 출판사 때문에 힘들어할 때, 친한 언니가 내가 사는 곳까지 한걸음에 달려와줬다. 철없는 아이처럼 괜히 작가가 되겠다고 한 것 같다며 후회했다. 조금 더 쉬운 길을 갈 걸 그랬다며 투정 부렸다. 그녀는 나를 토닥여주며 본인의 수험생활 때 이야기를 해줬다.

그녀는 사범대 4학년 재학생일 때부터 5년간 응시한 임용고시에서 떨어졌다. 선생님이 되고 싶어서 선택한 길이었는데 유난히 자신에게는 가혹한 것 같았다. 아슬아슬한 성적 차이로 떨어지는 탓에 포기할 수도 없었다. 동기 중 대부분은 임용고시에 붙어 선생님이 되거나 학원 강사가 돼서 자신의 길을 찾았다. 혼자서만 독서실 한편에 남아있는 기분이었다. 그때 그녀도 나와 같은 생각을 했다.

'왜 하필 나는 선생님이 되고 싶은 걸까.'
남들은 쉽게 목표를 이루는 것 같은데, 유독 힘들기만 한 본인의 상황이 원망스러웠다. 그래도 그녀는 포기하지 않고 버텨냈다. 많고 많은 것 중에 하필 하고 싶은 게 선생님이라면, 꼭 이뤄내고 말겠다는 의지가 만들어낸 결과였다.

"원래 사람은 자기가 하는 일이 가장 힘들게 느껴진대. 왜냐하면 세상의 모든 일 중에서 쉬운 일은 아무것도 없으니까."

그녀의 말을 듣고 많은 생각이 들었다. 자신이 바라는 곳을 향해 걸어가는 건 모두에게나 힘든 일이었다. 그곳이 어디라 하더라도 쉽기만 한 길은 없었다. 각자의 시련을 이겨내고, 수시로 찾아오는 삶의 진통을 버텨내며 나아가는 것이었다. 우리는 모두 저마다의 '하필 하고 싶은 일'을 해내기 위해 악착같이 버티며 목표를 향해 가고 있었다.

쉬운 일이 없는 세상이라는 걸 알았기에, 나만 힘들다는 생각을 버렸다. 이상한 출판사를 만난 것도 액땜한 것으로 생각하고 넘어가기로 했다. 당장 할 수 있는 것에 집중했고, 지금 바꿀 수 있는 것에만 신경 썼다. 어찌할 수 없는 것들에 미련을 두지 않았다. 점차 마음이 정돈되자 글 쓰는 행위 자체가 행복으로 다가왔었다. 작가라는 목표가 더 이상 '하필 하고 싶은 일'이 아니라 '꼭 해보고 싶은 일'로 바뀌게 되었다.

 목표를 갖고 나아간다는 것이 무척이나 고달플 때가 많다. 그 목표가 나를 작아지게 만드는 것 같기도 하고, 옥죄는 기분이 들기도 한다. 잘하고 있는 건가 두렵다거나, 이쯤에서 그만두어야 하나 고민된다면 잠시 쉬었다 가도 된다. 그런 생각이 떠오른다는 것은 잘 가고 있다는 것이니 절망할 것 없다. 지하철이 도착했다는 소리를 듣고 서둘러 뛰어 내려갔어도 문이 닫혀버린 지하철은 무심하게 나를 지나쳐 가버린다. 하지만 조금만 기다리면 다음 지하철이

다가와 문을 활짝 열어준다. 지나가 버린 기회가 아프고 서럽더라도 포기하지 않았으면 좋겠다.

**막막해진 지금은 멈춰야 할 때가 아니라,
조금 기다려야 할 때이니까.**

이것 또한 지나가리라

 비가 내리기 전에 하늘이 어두워지듯이 마음이 어두워진 날이면 한바탕 울음을 쏟아내어도 된다. 울어도 해결되는 일은 없지만, 먹먹하게 물먹은 마음을 가볍게 만들어 줄 수 있는 건 울음뿐이다. 언젠가부터 눈물 흘리는 것마저도 남의 눈치가 보여서 주저하게 된다. 마음 놓고 편하게 울 수 있는 장소가 생각보다 없을지 모른다.

 그래도 나는 당신이 속 시원하게 울어봤으면 좋겠다. 회색빛의 구름을 그대로 머금은 채 살아가기엔 생각보다 좋은 세상이다. 축 처지고 슬픈 감정을 가슴에 머금고서 힘겹게 한 발 한 발 나아가기엔 당신의 내일은 너무도 싱그러운 날이 많다. 혼자 참아내느라 어느덧 무거워진 감정의 구름을 가볍게 만들어 주어도 된다. 가끔, 온전히 나를 위한 울음은 필요한 법이다.

 어릴 적, 발을 헛디뎌 아스팔트 바닥에 넘어진 적이 있었다. 무릎은 피가 날 정도로 까지고, 손에도 상처가 생겼다. 운다고 찢어진 살이 아무는 것도 아니고, 시간을 되돌릴 수도 없지만, 엄마에게 달려가 울었다. 내가 잘못 발을 디딘 것인데도, 뭐가 그렇게 서러웠는지는 모르겠다. 엄마는 눈이 부을 정도로 하염없이 울던 나에게 그만 울라고 다그치지 않고 토닥토닥 다독여줬다. 울음이 가라앉자, 바지에 묻은 흙먼지를 툭툭 털어내고 일어나 걸을 수 있었다. 절뚝거리기는 했지만 주저앉아 있지는 않았다.

 어느 날의 소나기처럼 짧은 울음이어도 좋고, 한여름의 장마처럼 조금은 긴 슬픔이어도 괜찮다. 마음에 너무 오래 머금고만 있어서 큰 멍이 생기기 전에 쏟아내야 한다. 아무렇지 않은 척한다고 해서 진짜 아무렇지 않을 수 있는 것이 아니다. 어떤 이유의 눈물도 마음이 약해서 나오는 것은 없다. 아무리 강한 마음이더라도, 몰아치는 힘듦을 잠깐 내려놓을 순간은 필요한 법이다.

힘들었던 시간 속에서 헤매고 있을 때, 주위에서 들리는 소리는 온통 힘내라는 말이었다. 건네주는 따뜻한 마음은 고마웠지만, 그조차 버거울 정도로 힘들 때는 응원이 되어주지 못했다. 쥐어짜서 더 낼 수 있는 힘이 없는데, 힘을 내라는 건 위로가 될 수 없었다. '할 수 있어!'라는 응원 문구는 잠시라도 뒤처져서는 안 된다는 질책처럼 느껴졌다. 끝나지 않을 것 같은 착잡한 시간이 지나가길 기다렸다. 끝이 없는 터널 같았던 어두운 순간을 걸어 나와보고 나서야 알았다. 힘내지 않아도 되고, 울고 싶으면 울어도 되고, 일단 살아내는 일에만 집중해서 지내면 된다는 것을 말이다.

잠시라도 약해지는 모습을 보이면 대단치도 않은 일 가지고 유난 떨지 말라고 말하는 목소리는 신경 쓰지 않아도 괜찮다. 그런 말을 들었을 때 예전의 나는 아무런 대꾸를 하지 못했다. 무어라 대꾸하여 반박할 여력도 없었기 때문이었다. 흘려듣지 못하고 가슴 한구석에 담아놓곤 했었다. '남들도 다 그렇게 살아.' '혼자 뭐 대단한 일 한다고 그래.' '이것 가지고 그러면 나중에 어떻게 살려고 그래.' 딱히 잘하는 것도 없고, 특별한 걸 하는 것도 아니면서, 유난스럽게 힘들어하는 바보 같은 사람이 된 나는 그들의 말에 주눅 들어야 했다. 막상 살아보니 살아간다는 것 자체가 특별한 일이고, 하루를 별 탈 없이 보냈다는 게 대단한 일이고, 별일 없이 살다가도 갑자기 힘들어지기도 하는 게 사람이었다. 왈칵 쏟아지는 힘듦을 애써 아닌 척, 모른 척하면서 살아갈 필요는 없는 일이었다. 결국은 누구나 겪어내고 괜찮아질 감정이다.

유난히 남의 힘듦에는 관대하지 못한 사람이 있다. 그런 사람의 시선에서 벗어났으면 좋겠다. 굳이 날카로운 단어들을 억지로 삼켜내서 가슴 언저리에 상처를 만들지 않아야 한다. 지금의 고난이 영원하지 않으리라는 것을 잘 알고 있을 것이다. 오늘 눈물을 지었다고 해서 내일도, 그다음 날도, 영영 울기만 해야 하는 건 아니다. 나의 힘듦을 누구보다 다정하게 돌봐주어야 하는 사람은 오직 나 자신이라는 걸 알았으면 좋겠다. 힘든 순간에도 기쁜 순간에도 꼭 찾을 정도로 좋아하는 문장이 있다.

"이것 또한 지나가리라."
당신의 아픔 또한 잘 지나가리라.

하늘과 땅 사이
그 어딘가에서

 엄마가 길을 걸을 때는 앞을 보고 걸으라고 했는데 자꾸만 고개가 아래로 숙여진다. 발끝을 보고 걸어가는 게 마음이 편하다. 하늘도 올려다보고, 주위도 보고 그렇게 걸어가야 한다고 그랬는데. 아직도 나는 내 발만 바라보고 있다. 하늘이 얼마나 높은지, 주변의 모습이 어떤지 바라보지 못하는 까닭은 용기가 안 나서인지, 여유가 없는 것인지 하나만 꼽을 수 없다.

 한숨 쉬지 말고 웃는 얼굴로 지내라고 했는데 웃어본 지가 언제인지도 잘 모르겠다. 한숨은 나도 모르게 자꾸 새어 나온다. 내가 잘 가고 있는지 고개를 들어 봐야 하는데, 어디까지 왔나 확인해 봐야 하는데. 나는 정말로 무섭고 또 무섭다.

 엄마가 그랬는데, 고개를 들어야 한다고. 땅만 보고 나아갈 수는 없다고.

당신이라는 존재의 아름다움

 어른이 된다는 건 감정을 잘 숨기는 것이라고 생각했었다. 화가 나도, 슬퍼도, 힘들어도 감추는 게 좋은 어른인 것 같았다. 나로 인해 불편한 분위기가 만들어지지 않도록 잘 참았다. 참았던 것을 마음에 쌓아두기만 했다. 결국 한계에 닿아 더는 쌓아둘 공간이 없는 날에는 세상에 혼자만 덩그러니 남겨진 기분이었다.

 누구나 자신도 이유 모를 우울한 날이 찾아오고, 그런 날이 지속되는 순간이 오기도 한다. 애석하게도 친구라고 믿었던 사람도, 하나뿐인 가족도 그 우울함을 이해해 주지 못할 수도 있다. 아이러니하게도 자신마저도 우울해진 본인을 받아들이지 못한다. 그래서 본인의 마음을 숨기는 것에 익숙해졌을지 모른다. 아프면 아파하고, 힘들면 힘들어하고, 슬프면 슬퍼하면 된다는 이 간단한 방법이 낯설게 느껴지곤 한다.

감추는 건 쉽다. 쌓아두는 것도 편하다. 쉽고 편한 것에만 의존하다 보니, 정작 내 마음을 드러내는 게 어려워졌다. 누군가의 날카로운 말이 아팠다고 말하면 겨우 그런 거 가지고 아프다 우는소리 하는 예민한 사람이 될까 봐. 버거운 현실에 지쳐서 힘들다고 말하면, 이 힘든 세상 어떻게 살아가려고 그러냐며 타박 들을까 봐. 갑자기 찾아온 안 좋은 일 때문에 슬프다고 말하면 유난스러운 사람이라고 손가락질받을까 봐. 언제나 감추기만 했었다. 그러다 언제 생겼는지도 모르는 멍이 마음 한가운데에 있었다.

피부에 멍이 들면 그 멍이 다 사라질 때까지 기다려야 하듯이, 마음의 멍도 마찬가지였다. 시간이 멍자국을 흐리게 만들어줄 때까지 기다렸다. 조금 덜 참아야지, 조금 더 표현해야지 스스로 약속했다. 참는 건 편리한 일이다. 참지 않고 건강하게 표현하는 것이야말로 진짜 어려운 일이었다. 지혜가 부족한 나에게는 너무나 어려운 일이었지만 조금씩 변화하려 노력했다. 노력의 결과가 영화 결말 같은 완벽하고 멋진 결말은 아니다. 여전히 서툴고, 감추는 게 익숙하고, 표현하는 것에 미숙하다. 달라진 점이라면 혼자서 언제까지고 미련하게 참고 있지 않는다는 것이다. 아닌 것은 아니라고 말할 수 있는 작은 용기 덕분에 덜 억울하고, 덜 화나고, 덜 슬프고, 더 용감하게 지낼 수 있게 됐다.

잠깐 멍이 들었던 마음이 나아지고서 글을 쓴다. 작은 크기든, 커다란 크기든, 마음 어딘가에 생긴 멍으로 혼자서 앓고 있을 당신에게 위로가 되었으면 싶다. 괜찮지 못한 날에도 괜찮은 척 억지로 웃어야 하는 당신에게 말해주고 싶다. 언젠가 괜찮아질 당신의 그 날을 믿고 있다고. 그러니 너무 오래 멈추어 있지는 말았으면 좋겠다. 마음의 모양이 생기 하나 없는 잿빛의 텁텁함이더라도, 다시 말랑거려질 포근한 그 날이 올 거라 응원하고 있겠다. 언제나 잊지 않아야 한다. 유일한 당신이라는 존재의 아름다움을.

마음을 쓰지 않는 것뿐

 손을 많이 쓴 탓에 병원에 갔다. 통증 때문에 손을 움직이지 못하게 된 나에게 의사는 가만히 놔두어야 나을 수 있다며, 웬만한 일에는 손을 쓰지 말라고 했다. 손목보호대로 감아놓은 손이 꼭 내 마음 같았다. 함부로 써버린 대가로 마음의 통증을 앓고 있었다. 더는 아프고 싶지 않아서 마음을 단단히 동여맸다. 괜찮아지는 유일한 방법은 마음을 쓰지 않는 것뿐이니까.

오늘 하루도 잘 버텨낸 너에게

 오늘 하루도 잘 버텨내고 있는, 그리고 지금을 잘 이겨내고 있는 사람아. 너는 행복해야 한다. 주변 사람이 무심코 던진 말에 아파하지 말고, 어긋난 인연이 무너트려 버린 일상에 쓰러지지 말고, 제발 행복해야 한다.

 덧없는 인연에 연연하느라 소중한 마음을 함부로 다루지 말아야 한다. 진짜 인연이라면 아무리 시간이 걸려도 다 찾아올 것이다. 자기 생각만 하는 이기적인 사람에게 맞추기 위해 자신을 잃어가지 말고, 행복해야 한다. 이제는 네가 마음껏 웃음 지을 차례이다.

행복은 고난을 동반

 필연적으로 만날 수밖에 없는 고난의 순간은 꼭 소금을 닮았다. 두려움과 불안함이 만들어 낸 작은 마음의 그릇에 담는다면 짜디짠 맛에 잠식되고 말 것이다. 동일한 양의 힘듦이라도 의연함으로 넓혀진 마음의 그릇에 담긴다면 희미한 짠맛은 금세 지나가고 만다.

 끝내 괜찮아질 것이라는 사실을 인지하는 것만으로도 마음의 그릇을 무한히 확장시킨다. 모든 힘듦도 결국은 다 지나간다는 경험이 쌓이며 마음은 더욱 단단해진다. 지금 찾아온 고난은 크고 단단한 마음의 그릇이 만들어지는 과정이라는 걸 잊지 말아야 한다. 지레 겁먹고 주저앉아 있지만 말고, 용기를 가지고 가다 보면 어떤 고난도 다 지나가는 법이다.

괜찮지 않을 것 같은 일들을 경험하면서, 자신도 모르는 사이에 훌쩍 커져버린 마음을 발견할 것이다. 별것 같았던 문제가 별문제 아닌 게 되고, 고통스러울 정도로 힘들었던 고민도 의연하게 풀어내게 된다. 지금도 담대한 시간이 흘러가면서 우리의 마음은 단단해지고 넓어지고 있다.

오직 나의 시간을 위해서

 살면서 이렇게까지 열심히 살아본 적이 있을까. 이런 생각이 들 정도로 바쁘게 지낸 날들이었다. 열심이라는 단어가 무색할 정도로 일은 잘 풀리지 않았다. 계획은 엉망이 되었고, 목표는 흐려질 것만 같았다. 다시 어디서부터 시작해야 하는 것인지 엄두조차 나지 않았다. 꼭 지쳐있을 때면 마음은 곁눈질 했다.

 부모님이 증여해 준 부동산을 이용해 강남에 집을 샀다는 동기, 사업이 잘되는 덕분에 고급 휴양지로 가족여행을 간다는 동창, 동생의 유학자금을 대준다는 지인. 고급 스포츠카를 자기 남편에게 선물했다는 선배. 그동안 신경 쓰지 않았던 이야기들이 유난히 또렷하게 내 수면 위로 올라왔다. 아무도 보는 사람이 없었는데도 열심히 대인배인 척을 했다. 잘됐네. 고생했네. 멋지다. 혼자인 공간에서 스스로에게는 솔직해져도 됐을 텐데도 애서 자애로운 사람인 양 행동했다.

 가식적으로 남들을 마냥 축하해주는 척하고, 솔직하지 못했다. 애써 모른 척하려 했지만 무의식에 비교의 화살을 나에게 꽂았다.
'저들이 저렇게 이뤄낼 동안 대체 난 뭘 했지?'
꼭 독화살을 맞은 것처럼 온몸에 점점 자괴감이 퍼졌다. 다들 잘하는 것도 많고, 화려하게 살아가는 것에 비해 내 삶은 보잘것없는 것 같았다. 자괴감이 슬픔으로 바뀌는 건 그리 오랜 시간이 걸리지 않았다. 반짝거리는 그들과 달리 여전히 제자리걸음을 하고 있는 것 같은 내 삶이 초라하게만 보였다. 대체 여기서 무엇을 더 열심히 해야 하는 것인지도 모르겠고, 언제까지 버텨야 하는 것인지 감도 잡히지 않았다. 그저 특출나게 잘나지 못한 내가 싫을 뿐이었다.

 그러다 나도 모르게 한숨 쉬듯 부럽다는 말이 나왔다. 사실은 그들이 부러웠다. 꺼내지 못하고 숨겨놓기만 한 부러움이란 감정은 나 자신을 한참 부족한 것처럼 느껴지게 만들었다. 아닌 척 마음을 연기하는 탓에 내가 나를 싫어하는 지경에 올 때까지 정작 나를 돌보는 데 쓰지 못하고 있었다.

 각자 목표하는 게 다르고, 이뤄가는 과정도 다르고, 도달하게 될 최종 목표도 모두 다르다는 걸 알고 있다. 보이는 게 전부가 아니고, 섣불리 남을 부러워하지 말아야 하는 것도 안다. 그래도 부러움을 인정하지 않아서 생기는 부작용을 겪는 것보다는, 부러워할 것 부러워하는 게 더 마음이 편안했다. 부러운 것에 대해서는 부러워하고, 부러움에 취해 맹목적으로 그들의 삶을 좇지는 않았다. 추구하는 삶의 방향이 다르고, 출발하는 출발선이 다르다는 걸 인정했다.

 부러움을 고백하고 나자 한결 괜찮아졌다. 반짝이는 남들의 모습에 시선을 잠시 뺏기더라도 다시 자기 삶으로 초점을 맞출 수 있는 회복력은 솔직함에서 나오는 것이었다. 앞으로 더 솔직해지기로 했다. 부러우면 부럽다고 표현하기로 했다. 내가 나에게까지 거짓된 감정을 만들지 않을 것이다. 다시 천천히 단단하게 걸어가기로 했다.

 오래 걸어갈, 오직 나의 시간을 위해서.

달
라
져
도 괜
　　찮
　　다

  몇 년 전의 나와 지금의 나를 비교하면 달라진 점이 너무나 많다. 친구가 내 험담을 했다는 소식을 듣고 배신감에 어쩔 줄 몰라 했던 지난날과 달리, 지나간 인연에 대해 연연하지 않는다. 상대가 거짓말을 하면 대충 대답하며 안타깝게 바라보기만 한다. 별로 중요하지 않은 논점으로 자신의 주장을 내세우는 사람이 있으면 그냥 고개 몇 번 끄덕이며 넘어간다. 나를 감정 쓰레기통으로 삼고 푸념만 늘어놓는 사람에게는 가끔 뼈 있는 말을 하기도 한다. 나는 전보다 무심한 사람이 됐다.

꿈같은 이야기지만 소녀처럼 나이 들고 싶었던 적이 있었다. 언제나 해맑고, 남의 말을 의심 없이 다 믿으며, 하염없이 자신의 신세를 한탄하는 사람을 봐도 지치지 않고 계속 위로해 줄 줄 알았다. 내 빈약한 체력과 마음의 체력은 나를 소녀로 남게 두지 않았다. 다를 거라고 생각했던 사람에게 상처받고, 내 편이라 생각했던 사람에게마저 마음을 다치면서 자연스럽게 달라졌다.

 변해버린 나에게 실망감이 들었다. 왜 한결같은 사람이 되지 못할까 싶었다. 사람을 좋아하고, 잘 믿어주고, 알아도 속아주고, 잘못된 점은 고쳐주려고 노력했었던 내 모습은 희미해져 있었다. 가까이 다가가지 않고 먼발치에서 타인의 행동을 관망한다. 더는 사람으로부터 실망하기도 싫고, 다치고 싶지 않아서 어쩔 수 없이 선택한 모습이었다. 살면서 사람 때문에 힘들지 않기 위해 내린 최선의 결정이었다. 왜 이렇게 변했는지 알면서도, 예전의 모습을 잃어버린 게 안타까웠다.

집 근처 작은 뒷산을 오르는데 나무들의 모양이 제각각이었다. 일자로 반듯하게 자란 나무, 한쪽으로 기울어진 나무, 곡선처럼 기하학적인 모양으로 자란 나무들은 다 각자의 모양대로 자리하고 있었다. 주변의 기후나 지리 같은 환경 조건 때문에 모양이 변화한 것이었다. 자기 나름대로 주어진 생에 최선을 다하기 위해 달라진 나무의 모습이 꼭 나를 보는 것 같았다. 사람 때문에 크게 아프고 싶지 않아서 무심해지고, 함부로 믿었다가 마음을 다치고 싶지 않아서 건조해졌다. 변화한 건 어쩔 수 없는 일이었다. 이기적으로 보일지 몰라도 일단 내 삶을 온전하게 살아내야 했기에, 내 일상의 평온함을 망가뜨렸던 아픔을 또다시 겪고 싶지 않았다. 변한 모습의 '나' 역시 '나'라는 걸 인정하자, 지금의 내 모습도 꽤 괜찮아 보였다.

사소한 행동부터 커다란 생각까지 무수하게 바뀌고, 또 바꾸면서 살아간다. 사실 살아가다 보면 변하지 않을 수는 없다. 습관이 변했을 수도 있고, 식성이 바뀌었을 수도 있다. 사람을 바라보는 시선이 변화하기도 하고, 이성에게 호감을 느끼게 되는 매력 포인트가 달라지기도 한다. 성격이 바뀌기도 하고, 외형이 변하기도 한다. 우리는 그 변화 속에서도 '나다움'을 잃지 않으려 애쓰며, 어제보다 조금이라도 좋은 사람이 되기 위해 노력하며 살아간다.

많은 외부적 변화에 적응하기 위해, 지난 기억에 방어하기 위해 달라지고 다듬어지고 있다. 아팠던 날이 많아서, 애써 웃음 지으며 지내는 사람도 있다. 지난날의 상처가 또 반복될까 무서워서 강한 척, 괜찮은 척하고 있는 사람도 있을 것이다. '왜 나는 이렇게 되었을까, 예전의 나는 이랬는데.' 이런 생각이 든다면 잠시 숨을 크게 쉬고 그 생각을 털어내었으면 좋겠다. 지난날의 당신이 만들어 낸 오늘의 당신은 참 멋있는 사람이다. 지금의 당신은 누구보다 잘 살아내었다.

오늘이라는 시간을 위해 누구보다 최선을 다해 살아내는 노력의 무게를 안다. 한결같을 수는 없지만, 한결같이 노력해 온 당신이다. 달라져도 괜찮다. 어떤 모습의 당신이건 그 자체로 소중하기에.

지난날의 당신이 만들어 낸 오늘의 당신은
참 멋있는 사람이다.

지금의 당신은 누구보다 잘 살아내었다.

설익은 마음

설익은 마음이 있다. 애써 괜찮은 척했던 억지스러운 미소와 이를 앙다물고 참았던 슬픔 조각이 기어이 익어가는 마음을 방해하고 만다. 실은 힘들다고 고백하는 한숨 몇 번과 가끔 버거웠다고 꺼내 놓는 눈물 몇 방울이 필요할지 모른다. 아직 온전해지지 못한 설익은 마음이 편안함으로 완성되기 위해서.

남에게 관대한 만큼

 유난히 어른스러운 친구가 있었다. 누군가 넘어지면 괜찮다 일으켜 세워주고, 힘들어하면 이겨낼 용기를 주는 사람이었다. 나도 힘들었던 순간마다 그녀의 따뜻한 말이 얼마나 큰 용기가 되어주었는지 모른다. 그런 그녀였기에 당연히 의연하고 너그러운 건강한 마음으로 살아갈 것 같았다.

 갑자기 언젠가부터 그녀가 연락을 받지 않았다. 다른 친구들에게 물어봐도 연락이 되는 사람은 없었다. 당연히 잘 지내고 있을 거라고 생각했지만, 마음 한구석이 왠지 모르게 불안했다. 누구보다 환하게 웃음 지었던 그녀의 웃음에 혹시라도 쓸쓸함이 섞여 있던 건 아닌지 기억을 되짚어보기도 했다. 걱정되는 마음을 애써 달래며, 여전히 잘 지내고 있을 거라고 믿고 싶었다.

그녀가 읽지 않아도, 생각날 때마다 메시지를 보냈다. 같이 갔던 카페에 간 날이면
"예전에 같이 갔었던 카페 기억나? 그때 여기 카푸치노 맛있었는데 오늘 먹어보니까 더 맛있어졌어. 다음에 같이 또 오자."
그녀가 좋아하는 가수가 새로운 앨범을 냈다는 소식을 들으면 유튜브 링크를 보내며
"신곡 들어봤어? 진짜 너무 좋다."
다른 친구들을 만나도
"오늘 애들 만났어. 다들 너 보고 싶나 봐. 나도 보고 싶어! 언제든 연락 줘."

1이 사라지지 않은 카카오톡 대화창에 이런 저런 이야기들을 보냈다. 내 신간이 나왔을 때 그녀에게 메시지를 보내려고 대화창에 들어갔는데, 그동안 보

냈던 메시지들이 모두 읽음 처리가 되어있었다. 혹시나 하는 마음에 메시지를 보냈다.

"나 신간 나왔어. 너 보여주고 싶어서 이렇게 연락해. 보고 싶다."

당연히 이번에도 답장이 없을 거라고 생각했는데, 조금 기다리자 답장이 왔다. 그녀도 역시 보고 싶었다는 메시지였다. 왜 연락이 되지 않았던 건지, 무슨 일이 있는 건지는 묻지 않았다. 그녀가 잘 지내고 있다는 사실만으로 괜찮았다. 그녀는 나와 만남을 약속했고 우리는 정말 오랜만에 만나기로 했다.

잘 지내고 있을 것이라고 생각했던 그녀는 그동안 잘 지내지 못하고 있었다고 했다. 밝아 보였던 그녀는 상담센터에 다녀야 했을 정도로 정신적으로 힘든 상태였던 것이다. 어떤 게 그토록 마음을 아프게 했던 것인지 알 수 없었다. 우리에게 용기를 주던 그 다정한 마음이라면 어떤 어려움도 잘 이겨낼 것 같은 사람이었는데, 왜 그랬을까.

그녀의 입에서 나오는 말들은 모든 것이 예상 밖이었다. 성실하고 모든 일을 잘 해결해 내는 그녀였는데, 본인은 자신이 어떤 사람인지를 모르고 있었다. 못하는 건 너무 많고 잘하는 건 하나도 없는 사람이라며 본인을 지칭했다. 다른 친구들은 각자 잘하는 걸 하나씩 찾아가는데, 자기는 제대로 할 줄 아는 게 아무것도 없다고 말했다.

사람들과의 연락을 끊은 건, 마지막으로 응시한 공무원 시험에서 예상 밖의 낮은 성적이 나온 이후였다고 한다. 딱히 할 줄 아는 게 없어서 공무원 시험을 준비했는데, 그것마저 떨어지니 본인이 너무 싫었다고 했다. 한참을 서럽게 우는 친구에게 해줄 수 있는 것은 가만히 들어주는 일이었다. 그녀가 조금 괜찮아졌을 때 이야기했다.

"할 줄 아는 게 없어서 공무원 시험을 선택한 게 아니잖아. 너는 누구보다 성실한 사람이었어. 새로운 시험을 도전해 본다는 건 무섭기도 하고 어려운 일인데, 그걸 과감하게 시도할 정도로 용기 있는 사람이라서 선택했던 거야."

　내 말을 들으면서도 내내 도리도리 고개를 저으며, 본인의 부족함만을 나열하는 그녀였다. 그런 모습을 보는데, 상황에 맞지 않게 웃음이 툭 튀어나왔다. 왜 웃냐는 듯 쳐다보는 그녀에게 20대 어느 날의 일화를 말했다. 가장 가고 싶었던 회사의 합격자 명단에 내 이름이 없던 날, 그녀를 만났었다. 잘하는 것도 없고, 인생의 패배자나 다름없는 내가 왜 사는지 모르겠다며 바보 같은 한탄을 했었다. 그때 그녀가 나에게 해준 말이 있었다. 나의 장점과 능력을 나만 모르고 있다고. 나만이 갖고 있는 특별함을 제발 알아차리라 했다. 이번에는 내가 그때 그녀가 했던 말을 그대로 그녀에게 말했다. 남에게는 열린 마음으로 모든 가능성을 찾아낸 사람이, 정작 자신에게는 그렇게 하지 못하고 있었다.

　그녀에게 본인 자신을 잘 알아봐 보라고 했다. 생

각보다 좋은 사람이고, 본인이 말하는 것보다 단점이 소소한 사람이라는 걸 깨달았으면 좋겠다고 말했다. 그녀는 알겠다며 더는 자책하지 않겠다고 약속했다. 아무리 내가 그녀에게 장점 100가지를 말해준다고 해도, 본인이 느끼지 못한다면 아무 소용 없다는 것을 알았다. 부디 그녀가 직접 자신의 반짝거림을 알아차리길 바랄 뿐이었다.

다행스럽게도 그녀는 다시 전처럼 일상을 살아내고 있다. 꾸준히 알차게 내실을 쌓아가는 그녀의 재능 덕분에 공무원 시험에도 합격했다. 자신이 하는 일을 아무나 하는 별것 아닌 일로 치부하지 않고, 본인의 장점 덕분에 할 수 있는 소중한 일이라 생각하며 살아가고 있다고 했다. 비로소 그녀는 남에게 해주었던 위로와 용기의 말들을 자신에게도 전해주는 법을 아는 멋진 사람이 되었다.

겪지 않으면 좋겠지만 유감스럽게도 찾아오는 실패에 맞닥뜨리면 움츠러들 수밖에 없다. 실패가 가져오는 그림자는 유난히 짙고 서늘해서, 점점 자신에 대해 각박해지곤 한다. 장점은 일부러 무시하고, 딱히 큰 단점도 아닌 것에 심각한 문제인 것처럼 착각하게 된다. 결국 스스로 부족하고 못난 사람이라 낙인찍고 자책하는 지경에 오고 만다.

제삼자의 눈으로 보면 별것 아닌 잘못도 자책하게 되고, 불안해한다. 자신을 돌아보는 자세는 꼭 필요한 것이지만 심하게 엄격할 필요는 없다. 어려움에 흔들리는 친구에게 좌절할 것 없다고 토닥여주듯이, 스스로에게도 괜찮다고, 포기할 것 없다는 응원이 필요하다.

본인을 과소평가하고 있는 것은 아닌지, 자신의 장점을 너무 사소하게 생각하고 있는 것은 아닌지, 아주 작은 단점을 너무 거대하게 판단하고 있는 것은 아닌지 돌아봐야 한다. 남에게 관대한 만큼 나에게도 관대해져도 된다. 잘 하고 있는 나 자신을 작게 만들지 않아도 된다. 충분히 잘하고 있으니.

다 잘될 거야

 봄에 피어난 새싹이 여러 해를 돌아, 조금 더 자라있는 작은 나무가 되려면 긴 시간을 버텨내야 한다. 매몰차게 쏟아지는 비도 버텨내야 하고, 타들어 갈 것 같은 태양의 뜨거움도 참아야 한다. 얼어버릴 것 같을 정도의 추위도 견뎌내야 다시 봄이 찾아온다.

 다 잘될 거다. 우리가 걱정하고 불안해하는 것이, 나중에 우습게 느껴질 정도로 웃는 일이 더 많을 것이다.

머지않아 괜찮아지는 일만 남았다

 작가가 되기 전, 서점이나 도서관에 가면 문학 코너에서 소설이나 시를 읽으며 대부분의 시간을 보냈었다. 책장에 있는 책들도 시집과 소설이 더 많은 양을 차지했다. 가끔 대형 서점의 평대에 올라와 있는 에세이 책을 보더라도 큰 공감을 하지 못하던 때가 있었다. 위로의 글을 찾아서 읽어야 버틸 수 있는 심정을 그때의 나는 알지 못하고 지냈다.

 별일 없이, 작은 파도만 일었던 나의 바다에 거대한 태풍이 몰려왔다. 나쁜 일이라는 것은 잠잠해질 겨를도 없이, 쉬지 않고 몰아치듯 연달아 나타나는 얄궂은 것이었다. 아빠는 갑자기 아프셔서 병원에 입원하게 되셨고, 엄마도 허리 디스크로 한동안 누워계셔야 했다. 그리고 내가 준비해 오던 시험의 불합격 소식도 함께 들려왔다. 평소의 나였다면 든든한 아빠에게 시험에서 떨어졌다는 속상함을 토로했을 것이다. 아빠는 내 뒷머리를 쓰다듬어주면서 걱정할 것 없다고, 천천히 가도 되니 서두를 것 없다고 위로해 줬을 날이었다. 그러나 현실은 중환자실의 면회 시간에만 아빠를 잠깐 만날 수가 있었다. 우리 딸 속상했겠다고 이것저것 내가 좋아하는 음식을 만들어줄 엄마였지만, 그때의 엄마는 잠깐 몸을 일으키는 것조차 할 수 없었다. 환자복을 입고 있는 아빠의 앞에서 눈물을 흘리지 않는 법을 알아야 했고, 누워서 미안하다고 말하는 엄마에게 손톱자국이 손바닥에 가득할 때까지 꽉 쥔 주먹으로 울음을 참는 법을 터득해야 했다.

마음이 너덜너덜해질 정도로 힘이 들었다. 평온하고 잔잔했던 일상에서 갑자기 찾아온 힘듦을 견디기엔 버겁기만 했다. 병원에 계신 아빠가 보고 싶은 마음에 들어간 서재 방에서 우연히 발견한 수필집

한 권을 집어 들었다. 아빠가 책을 읽으시던 흔들의자에 앉아서 책의 절반 정도를 순식간에 읽었다. 책속에서의 누군가가 살아온 삶이 나와 비슷하다는 이유만으로도, 그것은 나에게 큰 위로가 되어주었다. 누구에게나 찾아오는 어려움이기에 나도 씩씩하게 버텨낼 수 있다는 용기가 났다. 나만이 홀로 견디고 있는 것이 아니라는 사실만으로도 힘이 생겼다. 그 작가가 건네준 괜찮다는 말 한마디로 괜찮아질 수는 없지만, 언젠가 나도 괜찮아질 것 같았다.

아빠가 중환자실에서 일반 병실로 옮겨지고, 다시 퇴원할 때까지 나는 아빠의 서재에 가서 그의 손때가 묻은 책들을 읽었고 틈틈이 나의 이야기를 적어갔다. 정말로 나는 괜찮아졌고, 아빠도 엄마도 모두 괜찮아졌다.

별사건 사고 없이 은은하게 흘러가는 일상을 살아내는 사람도 있지만, 유난히 굴곡진 날들을 보내야 하는 사람도 있다. 어떤 연유로 이런 시련이 오는 걸까 울적한 생각이 들기도 하고, 절대 사라지지 않을 것 같은 무력감과 우울감에 눌려 기죽었을지 모른다. 슬픔이 구름처럼 낮게 깔린 일상에 곧 해가 뜰 것이다. 구름은 사라질 테고, 그토록 꿈꿨던 잔잔한 삶이 찾아올 일만 남았다.

웃을 이유는 한없이 희미하기만 한데, 슬플 이유는 무엇보다 또렷해 거울 속 자신의 모습이 낯설게 보일 수도 있다. 나의 글이 무거운 현실의 무게를 조금이라도 덜어내 줬으면 싶다. 지난날 나를 힘들게 했던 슬픔이 희석되었듯, 당신의 슬픔 역시 흐려지고 흐려져 나중에는 흔적도 없을 만큼 맑은 미소만이 가득할 당신이다. 누군가가 나에게 왜 글을 쓰냐고 물어보면 이렇게 답한다. 지금 괜찮지 못한 사람에게 괜찮아질 것이라고 말해주고 싶어서 쓰는 것이라고. 그리고 당신도 머지않아 괜찮아질 것이라고.

지금 괜찮지 못한 사람에게
괜찮아질 것이라고 말해주고 싶어서
소중히 한 글자 한 글자 적어냅니다.

당신도 머지않아 꼭 괜찮아질 것이라고.

다 잘될 거예요.
우리가 걱정하고 불안해하는 것이, 나중에 우습게
느껴질 정도로.

"나는 지금 행복해요."
"내 삶이 있잖아요."

NO. 002

알아가는 중이다

나에 대해서

나는 여전히

행복의 온도

행복이 술래잡기 같았다. 언제나 술래는 나였고 좀처럼 행복은 잡히지 않았다. 저 멀리 있을 것만 같아서 옆을 보지 못할 정도로 앞을 향해 재촉하며 빠른 속도로 걸어 나갔다. 서둘러 가다 보면 나도 언젠가는 닿을 수 있다고 믿었다. 도무지 잡히지 않았다. 그럴수록 조급해졌다. 오늘은 어제와 별반 다르지 않았고, 곧 찾아올 내일도 마찬가지일 테니까. 특별한 것 없는 시간을 보내는 내가 작게만 느껴졌다. 어쩌면 나는 영영 잡지 못할 것을 잡으려고 욕심을 부리고 있는 것인지 싶었다. 행복해지기 위해 노력하느라 행복할 수 없는 아이러니한 날들이었다.

그런 내 모습을 보면서, 이길 수 없는 술래잡기를 하는 건 아닐지 의심이 들었다.

　초조하고 불안한 마음, 스트레스 때문에 몸은 망가져 갔다. 일찍 자고 일찍 일어나고, 요가도 배우러 다니고, 몸에 좋은 음식을 먹고, 차를 마시고, 명상을 했다. 유감스럽게도 달라지는 건 별로 없었다. 단지 부지런하고 스트레스도 많은 사람이 될 뿐이었다. 행복해져야 한다는 걸 의무로 받아들이면서 늘 무언가 해야 한다는 생각에 사로잡혀 있었다.

　무리한 일정을 잡아서라도 여러 원고 작업을 하면서, 일부러 더 바쁘게 지내던 날이었다. 오랜만에 고향 선배로부터 연락이 왔다. 서울에 갈 일이 있으니, 시간이 되면 만나자며 약속 날짜를 정했다. 오랜만에 만난 그녀는 언제나처럼 밝았지만, 많이 야위었고 어딘가 달라져 있었다. 좋은 소식을 들을 것 같았던 내 예상은 완전히 빗나갔다. 일찍 결혼한 그녀는 아이가 생기지 않아서 시험관 시술을 오랜 기간 했었다. 번번이 실패했지만, 괜찮았다고 한다. 강한 부모가 되기 위한 과정일 뿐이라고 생각하면서 언니네 부부는 더 견고해졌다. 두 사람은 긍정적인 사람이었기에, 난임은 그렇게 큰 문제가 아니었다. 문제는 고강도의 호르몬제를 지속해서 투여하는 긴 기간의 시험관 시술 때문인지, 아니면 다른 원인이 있었는지 모르지만, 그녀가 유방암 진단을 받게 된 것이다. 삼십 대 후반에 찾아온 암이라는 병마가 실감 나지 않았다고 한다.

꽤 심하게 진행이 된 탓에 치료 과정은 생각보다 길었다. 병원에 가고, 항암치료를 하고, 방사선 치료를 받고, 수술까지 하는 기나긴 치료 기간을 그녀는 잘 버텨냈다. 아직 완치판정은 나오지 않고, 추적관찰 중이라고 했다. 얼마나 힘든 시간을 보냈을까 싶어서, 듣기만 해도 가슴이 아릿해지는 이야기인데도 정작 그녀는 담담했다. 왜 아프다고 연락하지 않았냐고 말하자, 그녀는 자신이 사람들에게 걱정이 되기 싫었다고 말했다.

정작 힘들었을 사람은 언니였는데, 속도 없이 내가 울고 있었다. 나를 오히려 달래주며 그녀가 말했다.

"나는 운이 좋은 사람이야. 이렇게 살아있잖아. 산다는 것, 그것보다 더 큰 행복은 없어. 이렇게 살아있으니까 나 아프다고 울어주는 사람 눈물도 닦아줄 수 있잖아. 얼마나 큰 행복이니."

그녀는 힘들었을 시간 동안 겪었던 이야기를 해주며, 힘들다고 말하지 않았다. 그 시간 동안 고마웠던 사람들에 대한 이야기, 보고 싶었던 사람들에 관한 이야기, 매일 느꼈던 애틋함에 대한 이야기를 했다. 본인의 삶이 끝날지도 모른다는 불안감을 이겨낼 수 있었던 것은 날마다 떠오르는 태양에 대한 고마움과 고요히 흘러가는 시간 속에 살아있다는 안도감과 좋아하는 사람들이 어딘가에서 즐겁게 시간을 보내고 있을 거라는 다행스러움이었다.

그녀는 앞으로 더 부지런히 행복하게 살 예정이라고 했다. 이렇게 보고 싶은 사람을 보고 싶을 때 만날 수 있는 것만으로도 큰 행복이라며, 나와 함께 있는 동안에도 미소가 떠나지 않았다. 암에 걸렸던 자신이 운이 안 좋았던 게 아니라, 오히려 운이 좋았기에 치료가 잘 될 수 있었다고 말하는 그녀의 미소가 반짝였다.

선배를 만나고 돌아오는 길에 지난날의 내 모습이 부끄러웠다. 같은 시간을 보내고 있었지만 나는 매일 행복한 것도 없었고, 그다지 고마운 것도 없었다. 내가 갖지 못한 것, 해내지 못한 것에만 연연하고 살았다. 미래의 내가 행복하기 위해서는 지금의 내가 희생해야 하고, 감내해야 하는 걸 당연하게만 여겼다. 마음을 비우기 위해 무언가를 더 채워 넣는 역설적인 행동을 하면서도 어딘가 잘못된 줄을 모른 채 지내온 것이었다.

어쩌면 나는 거창한 무언가를 기대하고 있었던 것

일지도 모르겠다. 나의 하루가 온통 불행한 것들로 점철된 것도 아니었다. 단지 주변 곳곳에 있는 소소한 행복들을 놓치고 있었다. 나보다 한참 멀리 있다고만 생각해서, 빨리 따라잡아야만 한다고 조급해하고 있던 것이다. 행복은 특별함에서 파생된다고 생각했다. 특별하지 않은 일상의 대부분의 것들은 별것 아닌 걸로 치부해 버리기 일쑤였고, 지금 이 순간을 즐기면서 보내는 법을 몰랐다. 그저 지금 힘들어야 나중에 행복한 것이라며 억지로 나를 타이를 뿐이었다.

흔히 말하는 인생에 한 방이 있을 거라는 어리석은 기대를 하고 있었다. 특별함이란 단어로 포장된 허황된 행복을 좇은 대가로 일상의 행복을 알아차리지 못하게 된 것이다. 행복은 배달되는 것도 아니고, 나에게 저절로 찾아오는 것도 아니다. 단지, 내가 발견하는 순간 그것은 오롯이 내 행복이 되어 스며들었다.

숨은그림찾기와 비슷한 게 일상의 행복이다. 안 보이는 곳에 숨겨진 무언가를 찾으려 하지 않아도 된다. 숨은그림찾기처럼 이미 펼쳐진 오늘의 일상에서 크고 작은 행복을 발견해 나가는 것만으로도 하루는 행복으로 충만해진다. 찾기 어려운 곳에 숨어 있거나, 특별한 장소에서만 있는 게 아니다. 그저 우리가 평범한 일상에서 자연스럽게 찾아내기를 기다리고 있다.

행복은 앞에 수식어가 따로 필요하지 않다. 특별한 행복도 없고 평범한 행복도 없다. 모두 다 같은 행복이다. 어디에서나 찾을 수 있는 행복을 느끼는 법은 그저 마음으로 보듬어주면 된다. 자신도 모르게 스며드는 행복들이 마음 전체를 온기 어린 행복의 온도로 물들게 만들 것이다.

숨은그림찾기를 잘하는 방법은 매우 간단하다. 어떤 하나에 연연하지 않고 넓게 바라보면 자연스럽게 찾고 있는 그림이 보인다. 지겨울 수도 있고, 지쳤을 수도 있는 자신의 일상을 한 번쯤은 크게 그리고 느긋하게 바라보면 행복도 금방 발견하게 된다. 온종일 책상 위의 모니터만 바라보는 내가, 어딘가에서 이 글을 읽고 있을 당신을 위해 한편의 글을 완성했다는 것 자체로도 행복을 만끽하는 지금 이 순간처럼.

지지 않는 벚꽃

　동생과 엄마 아빠 손을 잡고 벚꽃을 보러 갔었다. 솜사탕을 닮은 날이었다. 어릴 적, 봄날에 부모님과 나들이 나가면 솜사탕을 사주시곤 했다. 손이 끈끈해질 때까지 신나서 먹었던 그날의 봄이 떠올랐다. 아빠는 소리 없이 미소를 지었고, 엄마는 내 손을 잡았다. 흐드러지게 피어있는 벚꽃나무를 바라보며, 우리 모두 다 같은 추억을 꺼내 보고 있었다.

머리띠부터 신발까지 온통 캐릭터가 그려진 것을 입고, 솜사탕을 들고서 신나 하는 동생과 내가 있었다. 건장한 체격의 멋진 아빠가 팔을 벌려 나를 안아 올리고 있었다. 흰 피부의 예쁜 엄마가 동생을 안아 들고 활짝 웃고 있던 어느 봄날이 우리에게 있었다.

사진을 찍자고 핸드폰을 꺼내 들었다. 넷이 나란히 꼭 붙어서 핸드폰 액정을 바라보고 웃었다. 오늘을 사진으로 잘 담아두었다. 찰칵 소리에 맞추어 활짝 웃는 부모님의 미소가 저장되었다.
언젠가 그리울 오늘일 테니.
사진을 메모와 함께 저장해두었다.
'우리의 어느 봄날.'

   벚꽃은 지겠지만, 그날의 봄은 영원할 것 같다.
    언젠가 그리워하고 있을 오늘일 테니.

나는
강아지 엄마입니다

　우리 부부에게 소중한 딸이기도 한 반려견 크림이가 곧 있으면 여섯 살이 된다. 내 손바닥만 했던 아기 강아지가 이제는 제법 의젓해졌다. 산책을 무서워했던 모습은 온데간데없이 리드줄만 꺼내면 신나서 달려온다. 산책하면서 강아지들을 보면 무서워서 짖었던 모습도 없어졌다. 다른 강아지들이 짖어도 그저 조용히 지나갈 줄 아는 어른이 되었다.

　처음 크림이와 함께하기 전에는 걱정됐던 점이 많았다. 책임진다는 문장에 담겨있는 무거움이 꽤 컸다. 한 생명의 평생을 온전하게 돌봐줄 수 있을지 걱정되는 마음에, 주저하게 됐다. 강아지를 키우기 위해 배워야 하고 공부해야 할 것들도 많았다. 내가 좋은 엄마가 될 수 있을까 걱정이 앞섰다. 두려움이 앞섰지만 용기를 내서 크림이를 만나게 된 것은 무엇보다 큰 행운이었다.

  크림이가 오고 나서 많은 것들이 달라진 일상을 살았다. 하나의 생명을 새로운 가족으로 맞이하고 살아간다는 것은 쉬운 일은 아니었다. 크림이가 어렸을 때, 이가 나기 시작하면서 나무로 만들어진 책장을 갉아놓기도 하고, 몰딩 벽지를 이빨로 찢어놓기도 했다. 이갈이하는 시기에는 호기심이 많아져서 잠깐 한눈을 팔면 어디론가 가서 물고 뜯고 사고를 치는 것이 일상이었다. 입질을 하기도 했다. 처음에는 장난치듯 내 손을 앙앙거리며 물었는데, 점차 이빨이 나면서 입질의 정도가 심해졌다. 이빨 자국으로 끝나지 않고 손에 피가 날 정도였다. 그대로 키울 수는 없어서, 반려견 관련 책들을 읽고 유튜브로 훈련 영상을 배우면서 몇 달을 고생했었다. 크림이에게 나쁜 기억을 주지 않으면서 우리가 같이 살아갈 규칙을 알려줘야 했다. 유명한 훈련사들의 영상이란 영상은 거의 다 보고 따라 했었다. 방문 교육도 받고, 찾아가서 교육도 받고, 더 많이 공부하면서 차츰차츰 나아졌다. 그 과정이 힘들지 않았다면 거짓말이다. 울컥하던 순간도 많았고, 그냥 화를 버럭 내고 싶었던 때도 있었다. 그래도 그 시간들을 견디고 이겨냈기에 크림이와 함께 즐겁게 살아갈 수 있는 법을 배웠다. 더는 입질도 하지 않고, 벽지를 뜯지도 않고, 휴지도 뜯지 않는 꽤 모범적인 강아지로 살아가고 있다.

처음에 크림이와 함께하고 싶었던 이유는 사랑을 주고 싶어서였다. 작고 귀여운 생명체에게 최선을 다해 사랑해 주려고 데려온 아이인데, 오히려 내가 더 큰 사랑을 받고 있다. 강아지가 나를 사랑해 주는 이유는 특별한 게 없다. 단지 내가 '나'라는 이유로 하루 종일 사랑해 준다. 최고급 사료를 사주지 못해도, 비싼 애견용품으로만 가득 채워서 키우지 못해도 강아지는 세상에서 가장 사랑스러운 미소로 늘 곁에 있어 준다.

 덕분에 사랑이 나에게 들어오는 느낌이 무엇인지 알 수 있게 되었다. 눈만 바라보아도 마음을 알 수 있는 소중한 존재가 생겼다. 코로나에 걸려 며칠을 아무것도 못 하고 누워있어야 했던 적이 있었다. 나와 남편 모두 코로나 양성으로 진단받은 탓에 크림이와 산책하러 나갈 수가 없었다. 나 때문에 강아지가 답답해하는 것 같아서 너무 미안했었다. 크림이는 그런 내 마음을 마치 다 알고 있다는 듯 내 품에 폭 안겨서 위로해 줬다. 장난치길 좋아하는 장난꾸러기가 장난치는 걸 꾹 참고서 계속 내 옆을 지켰다. 평소라면 누워있는 내 몸 위로 인형들을 쌓아놨을 텐데, 그저 가만히 지켜보고 아프지 말라는 듯 머리맡에서 기다려줬다. 열이 잘 떨어지지 않아 잠을 못 자다가 약기운에 취해 자고 일어났을 때였다. 크림이의 애착 인형이 베개 한편에 놓여 있었다. 그 작은 머리로 힘들어하는 나에게 무언갈 해주고 싶어서 고민했던 모양이다. 본인이 가장 좋아하는 걸 양보해 주면 내가 괜찮아질 거라고 생각했던 것인지, 평소라면 본인이 꼭 안고서 데리고 잤을 인형을 나에게 선물한 것이다.

크림이는 얼마 전부터 요실금을 앓고 있다. 우리 부부는 원인을 찾기 위해 크림이를 데리고 여러 검사들을 받으러 다녔지만, 특별한 원인은 없었다. 병원에서 진단한 결과는 노화로 인한 방광괄약근의 약화라고 했다. 어쩌면 앞으로 더 심해질 수밖에 없는 병이라고 말했다. 아픈 것보다 낯설었던 것은 '노화'라는 단어였다. 아직 나에게는 마냥 아가 같은 크림이라서, 점점 나이 들어가고 있다는 것을 망각하고 지내고 있던 탓이었다.

심한 장염에 걸려서 힘들어할 때도 한 번의 배변 실수도 없었던 아이가, 잠자면서 자기도 모르게 이불에 소변 실수를 한 게 첫 번째 증상이었다. 축축한 이불이 이상해서 만져보자 자고 있던 크림이도 깜짝 놀랐다. 본인이 실수했다는 게 창피하기도 하고 속상한 것인지 꼬리를 잔뜩 내리고는 다른 방에서 혼자 자겠다며 들어갔다. 새 이불로 바꾸고 이불에 쉬아 해도 괜찮다며 크림이를 달래서 데려왔다. 아침이 되자마자 매트리스 방수커버를 한 장 더 구매하고, 여분의 이불을 미리 준비해 뒀다. 그리고 크림이가 나이 들고 있다는 사실을 받아들이는 마음도 준비했다. 소변 실수를 한 후에 의기소침해진 크림이의 모습이 속상하기도 하고, 어디가 많이 아픈 것인지 걱정되기도 해서 울기도 했었다. 운다고 아이가 나을 수 없다면, 더는 약해져서는 안 된다는 걸 깨달았다.

수의사 선생님은 크림이의 간 수치를 확인하고는 약물복용보다는 잦은 산책을 권유했다. 하루에 시간이 날 때마다 자주 나가서 산책하는 게 도움이 될 것이라 했다. 나와 남편은 시간이 날 때마다가 아니라, 일부러 시간을 내어서 크림이와 산책을 나가고 있다. 몇 달간 꾸준히 산책하고, 운동한 크림이는 점점 좋아지고 있다. 매일같이 나타났던 증상이 이제는 일주일에 한 번 정도로 줄어들었다.

한 생명을 책임진다는 건 오래 함께한다는 것뿐만이 아니라 그만큼 강해져야 한다는 걸 배워가고 있다. 나는 강해지고 있다. 강해진 만큼 더 많이 사랑하며 살아가자고 약속했다. 종교는 없지만, 크림이가 내 품 안에서 이왕이면 아프지 말고 행복만 했으면 싶은 마음으로, 간절히 기도하곤 한다.

반려인으로 살아간다는 것은 언젠가 찾아올 이별을 인정하고서 살아가는 것이다. 훗날 이 아이의 빈자리가 생길 것임을 알아도, 기꺼이 남은 날 동안 원 없이 사랑을 주겠노라고 약속하며 오늘을 보내고, 내일을 보낸다. 먼 훗날 아이가 떠난 후에 남겨져야 하는 아픔은 감히 말할 수 없이 크겠지만, 그보다 큰 사랑을 받았으니 버티며 살아갈 것임을 믿는다.

예정되지 않았지만, 기어이 오고야 마는 이별의 순간까지도 사랑이었다고 기억될 존재에게 오늘 더 사랑을 주려고 한다. 내가 줄 수 있는 것이 아이에게 받은 사랑에 비해 턱없이 작은 사랑인 것 같아 미안하기만 하다. 언젠가 나에게 남는 건 그리움뿐이라 해도 두렵지 않다. 내 생에 이렇게나 큰사랑을 느껴봤으니.

가끔은 '가족'이라는 게 너무도 찬란하고 아름다워서
눈물이 나곤 합니다.
행복한 순간마다 생각이 나는 존재가 되어줘서
고맙다는 이야기를 전해야겠습니다.
크림이 아빠가 -

가장
따뜻한 말

아침에 눈 떴을 때 '잘 잤어?'라는 이 세 글자가 만들어주는 따뜻함이 좋다. 밤을 지나 아침이 될 때까지 머금고 있던 애정이 담긴 포근함이 온전히 전해지는 말이다.

잘 잤어?
너의 밤이 불안함 없이 평온했길.
너의 아침이 설렘 가득한 행복이길.

주는 만큼 받지 않아도,
행복할 수 있어.

 선물이나 호의 같은 무언가를 받는다는 게 부담스러웠다. 받은 만큼 되돌려 주어야 한다는 부담감 때문이었다. 어떠한 형태로든지 이유 없는 친절을 받는 걸로 불편함을 느꼈던 바보 같은 시절이 있었다. 친구와 식사하고 계산하려고 할 때, 그녀가 나보다 먼저 계산을 해놓은 적이 있었다.

 "다음에 네가 밥 사줘. 자주 얼굴 보자."

 그녀의 말에 얼굴은 웃으며 끄덕였지만 속은 얼마

나 불편했는지 모른다. 아무리 친구라 하더라도 빚을 진 것 같은 기분이 싫었다. 친구와 근처 카페로 자리를 옮겨 음료 두 잔과 조각 케이크를 샀고, 집에 가서 먹으라고 친구에게 줄 빵 여러 개를 포장해서 그녀의 손에 쥐여주고 나서야 마음이 놓였다. 나는 그 정도로 답답했던 사람이었다. 운이 좋게도 주변에 참 좋은 사람들이 많았다. 타인에게 벽을 쌓고 살아가는 나에게 끊임없이 벽 너머로 애정을 보내주는 언니들과 친구들이 없었더라면 여전히 답답한 사람으로 살아가고 있을지 모른다.

토익 학원에서 강사로 일했을 때 함께 근무하던 동료 선생님 중의 한 명이 있었다. 알고 봤더니 같은 고향 사람이었다. 대학생 때부터 서울에서 혼자 자취를 했던 경험이며, 좋아하는 관심사가 비슷해서 빨리 친해졌었다. 나보다 나이가 많았던 그녀에게 사적인 자리에서는 언니라고 부르게 되었다. 나를 친동생처럼 아꼈던 그녀는 항상 나에게 무언가를 주고 싶어 했다.

그녀는 일본으로 여행을 다녀오는 길에 젤리를 사 오기도 했고, 마트에 갔는데 1+1행사를 하고 있던 제품이라며 샤워 젤을 선물해 주기도 했다. 아무 날 도 아니었는데, 잘 어울릴 것 같아서 사 왔다고 립 스틱을 준 적도 있었다. 그럴 때마다 나는 갚아야 한다는 신념으로 비슷한 무언가를 사서 가져다주었 다. 언니는 내가 주는 것들을 받으며, 자기가 선물 을 준 것 때문에 그러냐면서 웃곤 했었다. 별거 아 니었다며 앞으로는 그냥 편히 받으라는 말을 덧붙였 지만, 편히 받을 수 없었.

하루는 언니가 나에게 말했다.
"주는 사람은 그저 주는 것만으로도 기쁜 거야. 기브 앤 테이크는 모두에게 적용되는 건 아니지 않 을까? 동생이 없는 나는 그냥 네가 내 동생 같아서 예쁘고 좋아 유은아. 그뿐이야."

돌아보면 그랬다. 언니뿐만 아니라 주변 사람들이 뭔가를 선물해 줄 때면 다른 이유는 없었다. 단지

내 생각이 났다는 따뜻한 마음이 담긴 선물들이었다. 이걸 줬으니까 너도 똑같이 갚아야 한다는 뜻으로 준 것은 아무것도 없었다. 카페에서 우연히 보고 모양이 마음에 들어서 골라 온 텀블러, 본인 목도리를 사다가 내 목이 휑했던 게 생각나서 선물한 목도리, 써본 화장품이 너무 좋아서 추천해 주고 싶어서 사준 수분 크림. 모두 다 저마다의 다정한 이유였다. 문득 내가 생각났고, 그 선물로 인해 작은 기쁨을 느끼길 바랐던 애정을 그제야 온전히 알 것 같았다.

소소한 선물을 주고, 받고, 기뻐하고, 고마워하면서 서로를 향한 애정이 점점 자라난다. 그저 누군가가 조금 더 행복했으면 하는 마음, 오늘은 어제보다 더 즐거웠으면 하는 바람이 쌓이면서 관계의 모양이 보다 더 따뜻해지곤 한다. 아무 이유 없이 상대가 나로 인해 조금이라도 더 기뻐하길 바라는 소중한 마음을 있는 그대로 받아들이고 고마워할 줄 아는 법을 배워나갔다.

마음을 받는 것은 미안하고 부담스러운 일이 아니라, 고마운 일이다. 고마움을 간직하고 지내는 것만으로도 마음이 온기로 채워진다. 나를 생각해 주는 사람이 있다는 사실이 언제나 기댈 수 있는 내 편이 있다는 뜻 같아서 조금 더 용감히 시간을 보낼 수 있게 된다.

무언갈 받으면 빨리 갚고 싶었던 나에게 친구들은 이런 말을 했었다.
"우리 오래 보고 살자. 살면서 천천히 돌려줘. 나도 네가 나한테 줬던 다정함 천천히 갚아갈게. 우리 서로 오랫동안 돌려주면서 살자."

요즘의 나는 주고받는 것의 기쁨을 느끼면서 지내고 있다. 전과 다르게 마음을 나눌 수 있는 여유를 갖게 되었다. 여전히 대가 없는 호의는 절대 없다는 마음으로 경계심은 남아 있지만, 나를 아껴주고 내가 아끼는 사람들과 주고받는 호의는 무척이나 행복한 일이라고 생각한다.

생일 같은 특별한 날이 아니더라도 친구가 보내준 커피 교환권 한 장에 웃음 짓는다. 화장품을 사러 갔다가도 잘 어울릴 것 같은 동생이 생각나면 한 개 더 구매해서 돌아온다. 좋아하는 사람들에게 마음을 주고 다시 애정을 받는다는 것은, 부담스러운 일이 아니라 소중한 일이라는 것을 조금씩 알아가고 있다.

  마음은 형체가 보이지 않지만, 작은 행동들에 담겨서 전해지곤 한다. 예쁜 마음이 숨겨져 있는 작은 다정함을 마음껏 가슴에 품는다. 좋은 사람들이 곁에 있다는 사실을 잊지 않으려 하며, 나도 좋은 사람이 되고 싶다고 생각한다. 오래오래 함께하고 싶은 귀하고 다정한 인연과 함께하기 위해.

나의 바람은

 문득 하늘을 봤을 때 달이 보이면 소원을 빈다. 함부로 나의 가능성을 재단하지 않을 지혜를 달라고. 지칠 수 있는 길목에서 포기하지 않을 끈기를 달라고. 곁에 있는 사람들의 마음을 소중히 여길 줄 아는 현명함을 달라고.
 그리고 '나'를 있는 그대로 사랑할 줄 아는 다정한 마음을 달라고.

시작을 망설이고 있다면

　어떤 시작을 앞뒀을 때 미리 부정적인 이야기를 하는 걱정쟁이들이 있다. 그들은 잘될 확률보다는 실패할 확률이 더 높은 게 현실이라는 이유로, 부정적인 미래를 예견하곤 했다. 굳이 따지자면 예측 정확도는 꽤 높은 편이었다. 언제나 안될 가능성을 다방면으로 따져서 성공하기 어려운 이유에 대해서 논리적으로 설명했기 때문이었다. 누군가의 잘된 경험담은 말하지 않았고, 주변의 실패한 경험담만 가져와 겁을 주듯 말했다. 실패할지 몰라. 다칠지 몰라. 후회할지 몰라. 위험성을 언급하며 출발선에 있는 나를 겁주곤 했었다.

그들은 심성이 나쁜 사람은 아니었다. 악한 마음으로 지레 겁먹고 포기하길 바라서 그랬다고 생각하지는 않는다. 힘들지 말았으면 싶은 마음에 해준 말일 수도 있고, 진심으로 걱정돼서 했던 말일 수도 있다. 그 마음이 어떠했을지라도, 중요한 건 당시의 내게 그다지 큰 도움이 되지 않았다. 세상에는 마냥 쉬운 일도 없고, 편한 일도 없다는 걸 알고 있었기에 너무 과한 걱정으로만 다가왔다.

작가 준비를 하고 있을 때 가장 많이 들었던 이야기가 작가로 살면 배곯고 산다는 것이었다. 글쟁이로 살아가면 결국 가난하게 살 테니, 멀쩡한 길을 걸으라고 그랬다. 자신들이 알고 있는 예술을 하는 사람들이 얼마나 힘들게 살고 있는지를 들려줬다. 나를 위한 걱정이었겠지만, 듣는 사람의 심정은 마냥 좋지만은 않았다. 멀쩡하지 않은 길을 굳이 걸으려고 하는 사람이자, 몇 년 후에 돈이 없어서 허덕이게 될 사람으로 낙인찍히는 기분이었다.

다행스럽게도 나는 하려고 하는 일을 스스로 정하고 나면, 주변 사람들의 말에는 그다지 흔들리지 않는 성격이었다. 뭐라 하든지 하고 싶으면 해봐야만 직성에 풀렸다. 수많은 실패담을 들었고, 걱정어린 조언을 들었고, 애정이란 이유로 미래의 내가 힘들어질 것이라는 예언까지 들었지만 괜찮았다. 일단 해본 뒤에 그다음을 결정해도 늦지 않을 것 같았다. 그들이 말한 실패를 겪지 않고, 위험함을 피하려면 아무것도 하지 말고 지내야 했다.

모든 시작은 다 위험성을 내포하고 있다. 안전하기만 한 길이 어디 있을까. 조금 위험하다 할지라도 포기하고 싶지 않았다. 그렇게 내 작가 인생이 시작되었다. 당연히 시작부터 순탄치 않았다. 잘 풀리지 않자, 다시 걱정쟁이들이 득달같이 몰려왔다. 그럴 줄 알았다. 이렇게 될 거라고 말하지 않았냐. 다들 말리는 건 이유가 있는 것이다. 등등 두 번째 걱정 잔치가 열렸다. 비꼬는 게 아니라 정말로 그들은 걱정돼서 하는 말들이었다. 내 결정을 자기 일처럼 안타까워했다. 그 마음만 고맙게 받았다. 오지 않은 미래에서 일어날 수많은 위험성만 생각하고 꿈을 접기에는 아직 숨겨져 있는 가능성의 크기가 커다랗게 보였다.

헤매던 시간을 지나 작가로서 자리를 잡기 시작하자 또 걱정쟁이들이 나타났다. 이렇게 한번 반짝 잘됐다가 금방 힘들어질 것이라고 말했다. 모래성 같은 인생을 살면 안 된다고 했다. 알겠다는 내 말에도 안심하지 못하고, 여러 번 훗날을 걱정하고 또 걱정했다. 그리고 지금, 시간이 꽤 흘렀지만 그들이 말했던 일들은 일어나지 않았다. 그저 누구의 예측도 맞지 않았고, 나는 나만의 삶을 살아가고 있다.

미래의 위험성을 말해주는 마음이 나쁘다고는 생각하지 않는다. 그렇게 부정적인 이야기를 먼저 했던 사람들을 보면, 실제로도 자신들의 인생에서 무언가를 결정할 때도 마찬가지였다. 어떤 일을 선택해야 하면, 겪게 될지 모르는 안 좋은 상황 여러 가지를 먼저 떠올리는 모습을 봤다. 미리 부정적인 미래를 말하는 건 본인들의 습관과도 같은 것이었다. 일단 하지 말아야 할 이유, 실패할 확률과 위험할지 모른다는 사실을 먼저 염두에 두곤 했다. 그게 한편으로는 안전한 선택을 하는 자신만의 방법일지는 모르지만, 내게는 도움이 되지 못했다.

시간이 지나 보면, 마음에 오래 남는 사람은 내 미래의 실패를 예측했던 사람보다 무모했을지 모르는 도전을 자기 일처럼 온 힘을 다해 응원해 줬던 사람이다. 잘할 수 있다고 응원했던 사람들의 마음속에도 내심 걱정은 있었을 것이다. 굳이 왜 저 길을 가려고 하나. 이 말을 꺼내지 않았던 것은 이왕 선택한 길이라면 잘했으면 하는 마음 때문이다.

같은 상황에서도 먼저 나쁜 미래를 그리기보다 '힘들겠지만 너라면 잘 버텨낼 거야'라고 말해줬던 이들이 있었기에, 정말로 힘든 시간을 꽤 용감하게 버텨낼 수 있었다. 실패하게 될 수많은 이유와 비슷한 길에서 넘어진 사람들의 예시보다 더 도움이 된 것은 '너니까 잘할 거야.'라는 말 한마디였다. 다른 사람의 실패담을 듣고 피해 갈 장애물이었다면, 누구도 실패하지 않고 살아갈지 모른다. 수많은 사람들의 실패담을 듣고도, 비슷한 실수를 하는 건 남의 이야기가 인생의 교과서가 되어주지 못하기 때문이다. 어쩔 수 없이 마주한 장애물이라면, '결국 나도 이렇게 실패했네.'라고 의기소침할 필요는 없다. 누군가 대책 없을 정도로 힘껏 응원해 준 말을 기억해야 한다. 나니까 이런 시련도 잘 겪어내겠지. 숨 한번 고르고 다시 나아갈 준비를 하면 된다.

쉬운 삶은 없다. 시작을 망설이고 있거나, 출발선 앞에서 주춤거리고 있다면 내 모든 힘을 다해 응원해 주고 싶다. 쉽지 않은 삶에서 갖은 어려움을 겪게 되더라도 당신은 무너지지 않을 것이라고. 분명 잘될 것이라고. 버텨내서 결국 당신만의 빛으로 반짝일 언젠가를 향해 나아가면 좋겠다.

오래된
사랑

　외할머니는 예전부터 입버릇처럼 이제는 죽을 때가 되었다고 말씀하셨다. 그 말을 들을 때면 오래오래 나랑 이야기하면서 건강하게 살자고 넘겼던 말이었다. 90세가 훌쩍 넘으신 외할머니를 마주한 나는 죽을 때가 되었다는 할머니의 말을 삼켜내지 못했다. 상상해 본 적 없는 죽음이라는 단어가 가슴 언저리에 맺혀, 코끝이 찡해진 채로 애꿎은 침만 삼켜대고 있었다.

　노화로 인해서 청력이 많이 떨어진 탓에, 외할머니와 대화할 때는 입 모양을 최대한 과장해서 만들고 목소리도 크게 내면서 말해야 한다. 내 손을 꼭 잡고서 하염없이 쓰다듬는 온기는 그대로지만, 하얗던 그녀의 손 곳곳에는 저승꽃이 피어있다. 사랑하는 외할머니의 얼굴에 수놓아진 세월의 흐름이 만들어낸 자국들을 바라보았다. 당연한 일이라는 것을 알면서도 서운하고 울적해지는 마음은 감출 수가 없다.

 몇 개월 전에 심장 때문에 쓰러지신 할머니는 큰이모 댁에서 지내고 계신다. 당시 할머니께서 쓰러지셨을 때, 주치의 선생님은 가족들에게 마음의 준비를 하라고 했었다. 고령과 좋지 않은 건강 상태 때문에 당장 돌아가신다 해도 이상할 게 없다고 말했다. 나도 그 이야기를 듣고 남몰래 눈물을 훔쳐야 했다. 영원히 겪고 싶지 않은 이별을 겪기에는 아직 아무런 준비가 되어있지 않았다. 엄마도, 이모들도 할머니와의 이별을 받아들일 수 없는 것 같았다. 모두의 간절함 덕분일까. 할머니는 기적처럼 다시 일어나셨다. 섬망이 와서 딸들과 손주들도 기억하지 못했지만, 엄마와 이모들의 사랑 어린 간호로 온전히 기억도 찾고, 건강도 차츰 회복하고 계신다.

기력을 찾으신 외할머니는 혼자서 잘 걸어 다닐 수 있고, 밥을 맛있게 먹을 수 있어서 감사하고 즐거운 삶이라고 말했다. 병원에서 누워만 있어야 했던 그녀는 이제 큰이모 댁에서 이모가 요리하는 모습을 옆에서 구경하며 잔소리도 하고, 유튜브를 스스로 틀어서 좋아하는 가수의 노래를 따라 부르신다. 할머니를 찾아뵈면 마치 어린아이가 된 것처럼 많은 이야기를 해주신다. 최근에 보고 있는 드라마는 무엇인지, 어떤 노래를 즐겨 듣는지, 무슨 운동을 하면서 지내고 있는지, 칭찬받고 싶어 하는 아이처럼 자랑한다. 할머니 핸드폰의 배경 화면은 내 결혼사진이다. 내가 보고 싶을 때마다 핸드폰을 열어본다며 말씀하시곤 한다.

외할머니, 외할아버지께서 다섯 살의 나에게 붙여주신 별명은 '쫑알이'었다. 병아리처럼 쫑알쫑알 말

한다고 해서 생긴 별명이다. 내가 놀러 가는 날이면 일찍부터 차고 문을 열어놓으신 채로 도착하기만을 기다리셨다고 한다. 마당을 지나 대문 앞까지 나와서 나를 기다리고 계셨던 두 분은 '쫑알이 왔구나' 하면서 나를 꼭 안아주시곤 했었다.

 쫑알이었던 나는 외할머니께 말하는 것보다는 듣는 것을 더 좋아하는 손녀딸이 되었고, 이제는 그녀가 쫑알이가 되어있었다. 할머니는 나의 어릴 적 모습처럼 쫑알쫑알 끊이지 않고 이야기하신다. 할머니의 이야기가 몇 번을 들어도 재미있는 이유는, 그녀의 목소리로 해주는 이야기이기 때문이다. 외할머니의 기억 안에는 내가 기억하지 못할 정도로 오래된 내 어린 시절부터 엊그제의 내 모습까지 곱게도 보관되어 있었다. 배냇짓을 하는 아가였던 순간, 걸음마를 시작해서 어설픈 걸음으로 할머니 할아버지께 안기던 시간, 이제 막 말을 시작해 함미 하비라고 불렀던 그 모습까지 할머니의 기억 속에는 선명하게 남아있는 것 같았다.

핸드폰을 꺼내서 카메라로 외할머니와 함께 셀카를 찍었다. 움직이는 모습도 담고 싶어서 짧은 동영상도 함께 촬영했다. 외할머니는 다 늙은 모습을 왜 찍는 것이냐고 말은 그렇게 하면서도, 카메라를 향해 미소를 지어 보였다. 나는 그녀가 보고 싶을 때마다 볼 거라고 대답하며 몇 장 더 찍어두었다.

어릴 적 기억 중에서 또렷하게 기억에 남는 장면이 있는데, 여섯 살 때였다. 유치원 입학식을 한다고 외할아버지 외할머니께서 큰 꽃다발을 들고 오셨던 장면이다. 지금 생각해 보면 유치원 들어가는 일이 그렇게 대단한 일인가 싶지만, 내가 처음으로 유치원이란 작은 사회에 나가는 날이라 직접 와서 응원해 주고 싶으셨던 것 같다. 그만큼 나를 참 많이도 사랑해 주셨던 것이다. 돌아가신 외할아버지가 보고 싶을 때 그날의 사진을 가끔 꺼내보곤 한다. 아마 외할머니와 함께 찍은 사진들도 내 유치원 입학식 사진처럼 외할머니가 그리운 날이면 찾게 될 것 같다.

시간의 흐름은 당연하지만, 가끔은 야속하다. 외할머니를 보고 싶어도 볼 수 없는 시간이 오게 되면 무척이나 슬퍼질 것만 같아 나는 담담하게 그리워하는 연습을 하는 중이다. 함께 찍은 사진을 보면서 보고 싶은 마음에 너무 많이 서러워하지는 않도록, 단단한 마음으로 보고싶어 할 준비를 하고 있다. 아주 오래, 사랑하는 외할머니의 이야기를 듣고 싶다고 소망하면서.

"오래도록 사랑해요."

나는 여전히
'나'에 대해서 알아가는 중이다

　'좋아하는 것도 많고, 싫어하는 것도 많다. 예민한 부분에 대해서는 유난스러울 정도로 예민하고, 무덤덤한 부분에서는 이래도 되나 싶을 정도로 무난하게 지나간다. 사람을 좋아하고, 정을 잘 준다. 가끔 후회하지만 잘 털고 일어난다.'

　가끔 나는 이렇게 나에 대해서 적어본다. 대체 나라는 사람이 어떤 사람인지 나조차도 잘 모르겠을 때 펜을 들어 사소한 것부터 중요한 것까지 적는다. 적어나가다 보면 '나'라는 존재가 어떤 형태의 사람인지가 희미하게 보이기 시작한다.

아이러니한 말이지만, 나 자신이 참 어려웠던 적이 있었다. 행복해지려 선택한 일이 오히려 나를 힘들게 만들었고, 좋아지고 싶어서 시도한 일이 마음의 상처로 남기도 했다. 정작 나는 어떤 걸 좋아하고 싫어하는지, 무엇으로부터 상처받는지 아무것도 알지 못했다. 하나씩 다 겪어봐야 했다. 좋은 일, 슬픈 일, 속상한 일, 서러운 일, 행복한 일, 다 일일이 부딪히고 느껴보면서 나에 대한 정보가 늘어갔다. 경험들이 늘어나면서 점점 '나'라는 사람으로 살아가는 일이 어렵지 않게 됐다. 조금씩 쌓인 경험들이 좋아하는 것만 하면서 살아갈 수는 없지만, 피해 갈 수 있는 것들은 피해 가면서 살아갈 수 있는 경고등의 역할이 되어 주었다.

경험이 쌓인다는 것은 그만큼 자신에 대해서 아는 것이 늘어났다는 뜻이기도 하다. 억울한 일을 당했을 수도 있고, 믿었던 사람에게 배신당했을 수도 있고, 나와 잘 맞을 것 같은 사람과 만나보니 정작 마음이 메마르도록 지쳤을 수도 있다. 지금은 당장 그 상황이 고달플지 몰라도 지나 보면 그 경험들이 있었기에 조금은 더 안전한 선택을 할 수 있게 되었음을 알게 될 것이다. 세상에서 가장 어려운 일 중의 하나가 본인을 제대로 알아가는 일이다. 아직도 나는 자신에 대해서 알아가는 중이다. 여전히 잘못된 길로 들어서기도 하고, 생각과는 다른 결과에 의기소침해질 때도 있지만 괜찮다. 그 시간이 있었기에 다시 걸어갈 내일의 나는 조금 더 본인을 잘 돌봐줄 여유가 생겼을 테니까.

나의 가장 어린 선생님

 몇 년 전에 열었던 글쓰기 클래스에 왔던 수강생이 있었다. 엄마의 추천으로 수업을 들으러 왔다는 그는, 책 읽는 것을 좋아하고 글 쓰는 것이 취미인 초등학교 1학년 남학생 서준이였다. 그는 수업 시간마다 아몬드 초콜릿을 챙겨와 모두에게 나눠주는 것을 좋아했다. 혹시 펜을 안 가져온 다른 수강생들이 있을까 봐 육각 연필을 다섯 자루씩 챙겨올 정도로 다정하고 섬세한 아이였다.

 나는 수업을 시작할 때마다, 지난 일주일 동안 잘 지냈는지 안부를 묻곤 했었다. 회사에 다니느라 이

번 주도 정신없이 흘러갔다고 말하는 어른들 사이에서, 서준이는 매주 다른 이야기들을 우리에게 해줬다. 한 번은 축구하다가 넘어지는 바람에 몸의 이곳저곳이 아프다며 무릎에 생긴 상처를 일어서서 보여주었고, 또 다른 날에는 현장 체험학습으로 다녀온 놀이공원에서 있었던 이야기를 들려주기도 했었다. 나름 심각하고 박진감 넘치는 그의 이야기를 듣는 것은 나와 다른 수강생들에게 소소한 즐거움이었다.

 서준이는 줄 공책이 아니라 10개의 정사각형 모양의 칸이 나누어진 공책에 글을 썼다. 매주 한 편의 글을 써오는 과제가 있었는데, 삐뚤삐뚤한 글씨로 네모 칸 밖으로 글자가 삐져나가지 않게 써오는 그 이야기가 무척이나 사랑스러웠다. 그가 써오는 글의 종류는 다양했다. 형과 다투게 되어서 형이 너무 밉다는 내용, 공부하기 싫은데 자꾸 공부하라고 하는 아빠에게 하고 싶은 말, 토끼를 키우고 싶은데 못 키우게 하는 엄마를 설득하는 글을 적어 오기도 했다. 여러 편의 글을 써서 나에게 보여주었는데,

그중에서 내가 가장 인상 깊었던 글이 있다.

책임감은 용기를 가지고 계속 노력하겠다는 마음이다. 그만하고 싶을 때도 포기하지 않고 용기를 내는 것이다. 할 수 있다고 자꾸 생각하면서 끝까지 하는 것이다. 나는 책임감이 크다. 키도 작고, 달리기도 느려서 축구를 그만하고 싶어질 때가 와도 책임감을 느끼면서 훈련을 한다. 계속 노력하다 보면 나도 달리기가 빨라지고 축구도 더 잘할 것이다. 책임감은 나를 계속 잘하게 해줄 것이다.

어린아이가 책임감에 대해서 생각했다는 자체만으로도 대단했다. 그 글에서 큰 울림을 줬던 부분은 '용기를 가지고 계속 노력하겠다는 마음'이라고 책임감을 설명한 구절이었다. 누군가가 나에게 책임감이 무엇이냐고 물어보면 아마도 '어떠한 일을 맡아서 끝까지 해내야 하는 의무'라고 설명했을 것이다. 그 일이 설령 싫어졌어도 책임감에 의해서 계속해야 하는 것 정도로 생각하고 있었다. 클래스에서 꼬마 작가님이 낭독한 글이 자꾸 마음에 맴돌았었다. 자신의 인생을 오롯이 살아가는 그 과정에서 책임이라는 글자를 버겁다고 생각하고 있었던 건 아닌지 반성하게 되었다.

 몇 년 후에 내가 어떤 모습일지 누가 알려주면 좋겠다는 생각을 자주 했었다. 이런 결정을 해도 되는지, 하지 말아야 하는지 늘 망설였다. 선택한 순간부터 모두 내 책임이 된다는 압박감 때문이었다. 부담이나, 무거움을 내포한 의미로만 느끼고 있었던 책임감의 정의보다 서준이가 알려준 정의가 살아감에 더 도움이 되는 의미였다. 모든 걸음마다 책임감을 느끼고 걷는다는 것은, 그 한 걸음마다 두렵지만 용기를 갖고 나아가는 것이었다. 처음부터 잘할 수는 없으니 자신을 믿고서, 매 순간 노력하며 지내는 것이 진짜 책임감 있는 자세였다. 진정한 책임감의 의미를 서준이 덕분에 느꼈고, 보다 더 괜찮은 어른으로 살아가기 위해 노력할 수 있었다.

서준이는 마지막 수업 날 고사리손으로 꾹꾹 눌러 쓴 편지를 나에게 가져왔었다.

4주간 저의 좋은 선생님이 되어주셔서 감사해요. 선생님이 웃는 모습을 보면 저는 망고주스를 마신 것처럼 기분이 좋아요. 저를 자라게 해주셔서 감사해요. 선생님이랑 같이 글을 쓸 때면 자꾸 선생님한테 초콜릿을 주고 싶은 마음이 생겨요. 고맙습니다.

나는 분명 글을 가르쳐주기 위해서 시작한 클래스였는데 정작 내가 더 많이 배우게 됐던 시간이었다. 아마 글쓰기 클래스에서 그를 만나지 않았더라면 평생 느끼지 못했을 것들을 알게 해준 덕분에 오히려 내가 성장할 수 있었다. 꽤 시간이 흐른 지금까지도 서준이는 가끔 나에게 메시지를 보낸다. 어느덧 초등학교 고학년이 된 그는 여전히 책을 좋아하고 시 쓰기를 좋아하는 학생이다. 꿈이 너무 많아서 고민이라며 고민 상담도 하고, 꿈과 현실의 격차에 대해서 토로하기도 할 정도로 훌쩍 커버렸다.

서준이는 나에게 고맙다고 말하지만, 사실 정말 고마운 사람은 나다. 좋으면 좋다고 숨김없이 표현하는 그 해사함을, 계산하지 않고 먼저 해주려고 하는 다정함을, 자신이 좋아하는 것을 함께 나누는 기쁨을 알려주었다. 나의 가장 어린 제자이자 선생님을 아주 오래 잊지 못할 것 같다.

**숨김없이 표현하는 그 해사함을,
먼저 해주려고 하는 다정함을,
함께 나누는 기쁨을.**

다가올 인연에게

 계절이 바뀌는 것을 막지 못하듯이, 어떻게 해볼 수 없는 마음이 있다. 그냥 지나치기 어려운 오묘한 감정에 휘말려 달뜬 얼굴을 감추지 못하는 시간이 찾아온다. 운명 같은 것은 없다고, 그냥 거창한 단어일 뿐이라고 믿었던 생각이 무색해질 만큼, 가슴이 두근거리게 만드는 사람이 나타난다.

 찾아내려고 한 것도 아니고, 나타나 달라고 했던 것도 아니다. 어디선가 다가온 운명 같은 존재를 하염없이 오래 바라보고 싶어지는 마음이 생긴다. 말간 웃음이 나를 향했으면 싶어진다. 마음은 자꾸 자라난다. 한 발자국 용기를 내어도 되는지 고민하는 밤이 찾아오게 된다.

누군가를 좋아하는 마음이 생겨나면, 쉬이 흩어지지 않을 견고함으로 점점 몸집을 부풀린다. 고민할수록 짙어질 것이고, 망설일수록 불안할 것이다. 대가 없는 애정을 주고 싶은 사람이 생겼다는 사실이 낯설어 뒷걸음질 치다가도, 다시 몇 발자국 용기를 내서 다가가게 된다.

바람이 불면 흔들리고, 비가 오면 땅이 젖는 것처럼 당연하게 일어나는 것이 누군가에게 향하는 마음이다. 모두의 존재가 유일하고 다르듯 애정의 형태도 마찬가지다. 사랑에 빠진다는 표현처럼 마음을 빼앗겼을 수도 있고, 사랑에 스며든다는 말처럼 나도 모르는 사이에 마음이 다가갔을 수도 있다. 수많은 고민과 떨림, 설렘과 두려움이 공존하는 순간이 만들어낸 고백은 마음의 가장 절실한 전달이다.

말간 햇살과 바람이 뺨을 간질이는 사랑하기 좋은 계절이다. 너무 덥지도 않고 춥지도 않은 오늘 같은 날처럼, 너무 뜨겁지도 차갑지도 않은 그런 사랑을 머금기에 알맞은 날씨이다. 지난 사랑 때문에 긴 겨울 속에 혼자서 추위를 앓고 있다면 이제는 따뜻한 햇살을 맞이할 차례이다. 아팠던 상처도 아물어 흉터가 되고, 짙었던 흉터의 자국도 흐릿해졌을 것이다.

지난날이 많이도 쓸쓸했다는 이유로 다가오는 날을 외면할 필요는 없다. 어디선가 당신의 모든 순간을 다 감싸안아 줄 사람이 운명이라는 이름으로, 또 인연이라는 존재로 나타날지 모른다. 애써 모른 척하지 말고, 괜히 마음을 숨기지 말고 한 번쯤은 솔직해지면 좋겠다. 그렇게 당신에게도 한적한 거리를 손잡고 걷고 싶어지는 사람이 찾아올 것이다. 그 사람을 놓치지 않게, 인연일지 모르는 그 사람이 스쳐 지나가지 않게, 한 조각의 봄볕을 마음에 품어도 된다.

단지 지나간 존재 때문에 다가올 인연을 무조건 두려워할 필요는 없다. 상처받지 않겠다는 이유로 지난 상처 안에서만 머물러 살아가는 것은 안타까운 일이다. 아프지 않고 싶다는 이유로 아팠던 흉터만 계속 매만지고 있지 않아야 한다. 이제는 한 발자국 용기를 내어서 걸어 나와도 된다. 당신을 닮아서 예쁜, 사랑하기 참 좋은 계절이다.

소중한 날들이다

"이제는 나 내일이 하나도 기대가 안 돼. 이게 나이가 든 건가."

남편과 연애 시절, 저녁을 먹다가 문득 나온 말이었다. 어제가 오늘이 되어있고, 오늘이 내일 같았다. 비슷비슷하게 돌아가는 하루 안에서 달라지는 것은 날짜뿐이었다. 이렇게 지내다 보면 시간이 어떻게 흘렀는지도 모른 채 지나가 버릴 것만 같았다.

내일이 기대되었던 적이 있었다. 초등학생 때 크리스마스이브 날에도 그랬고, 방학식 전날도 그랬고, 개학식 전날도 그랬다. 교복을 입게 되는 중학교 입학식 전날도, 고등학교 체육대회 전날도, 스무 살이 되기 딱 하루 전날도 그랬다. 어쩌면 내일의 나에게 특별한 일이 생길지도 모른다는 설렘 때문이었다.

언제부터였는지는 모르지만, 내일이라는 시간이 다가오더라도, 마냥 즐거운 일만 오지 않는다는 것을 알았다. 아, 또 하루가 시작되겠구나, 딱 그 정도의 느낌으로 오늘이라는 시간을 보내는 게 당연했다. 새로울 것도 없고, 달라질 것도 없는 일상. 그 안에서 특별한 일이라고는 일어나지 않을 게 뻔했다. 별일 없이 하루가 잘 지나가기만을 바라는 삶을 살게 된 이후부터는, 무덤덤하게 시간을 보내게 됐다.

당시 같은 동네 이웃사촌이었던 남편과 함께 밥을 먹고 산책하고 있었다. 그는 걷다가 편의점이 보이자 잠깐 들렀다 가자며 들어갔다. 내가 좋아하는 아이스크림 두 개를 계산하더니 하나를 내 손에 쥐여 주었다.

"기대 안 해도 돼. 즐거운 일은 이렇게 문득 생겨나는 거야."

콘 아이스크림의 윗부분에 묻은 초콜릿이 떨어지지 않게 살살 껍질을 벗기면서 배시시 웃음이 새어 나왔다. 비슷한 하루 속에서 불쑥 나타난 작은 행복이었다. 기대한다고 해서 나타나고, 기다린다고 해서 와주는 게 아니라는 것을 알면서도 나는 기쁨을 보채고 있었던 것인지도 모르겠다. 쳇바퀴처럼 돌아가는 날들이더라도 가끔은 이렇게 소소하게 행복이 나타나면 참 고마워진다. 그저 그런 하루였구나 싶다가도 누군가의 작은 애정 덕분에 소중한 나의 하루가 될 수도 있고, 내가 나에게 주는 작은 선물 덕분에 오래 기억에 남는 날이 될 수도 있다.

영화 '포레스트 검프'를 보면 이런 대사가 나온다.
"Life is like a box of chocolates. You never know what you are going to get."

남들보다 조금 떨어지는 지능을 가진 포레스트 검프에게 엄마가 병으로 세상을 떠나기 전 해준 말이다. 인생은 초콜릿 상자와 같아서, 열기 전까지는 무엇을 집을지 모른다는 그 문장이 어쩌면 우리 삶에 가장 와닿는 말이 아닐까 싶다. 비슷하고 똑같아 보이는 날들이지만, 막상 그 하루를 살아보기 전에는 어떤 즐거움이 생겨날지 알 수가 없다. 미리 별 볼 일 없을 하루일 것이라고 속단하기에는 어떤 기쁨들이 곳곳에 숨어있을지 아무도 모른다.

커다란 기대에 부응하는 일만 찾는다면, 일상에서 깜짝 등장하는 소소한 즐거움을 지나쳐버릴지도 모른다. 내일을 기대하지 않는다는 것은 단순히 매일의 시간이 지루하다는 걸로만 생각할 게 아니었다. 나에게 언제라도 다가올 작은 기쁨을 놓치지 않기 위한 준비라고 생각하기로 했다. 우리의 지금이 어떤 모습이더라도, 분명한 것은 생각보다 가까이에 작은 기쁨이 선물처럼 기다리고 있다는 것이다.

어제 같은 오늘이 내일이 되고, 다시 그 시간이 모여 만들어내는, 무엇보다 소중한 나의 일상이다. 잔뜩 설레어도 보고, 기대도 했다가 실망도 하게 된다. 무덤덤한 일상에 지루해도 하다가, 현실의 벽에 부딪혀 절망할지도 모른다. 막상 지나고 보니 괜찮았다고 지난날을 위로도 하며 걸어갈 소중한 날들이다. 다시없을 우리의 인생이다. 그저 그런 하루라고 넘기기에는 반짝반짝 빛날 당신의 인생이다.

"저마다 운명이 있는지
아니면 그냥 바람 따라 떠도는 건지 모르겠어.."

"내 생각엔 둘 다 동시에 일어나는 거 같아."

함께하는
사랑

 화장기 없는 얼굴로 만나도 편안하고, 앞머리 드라이가 조금 이상하게 되어도 괜찮다. 무엇을 좋아하는지, 무엇을 싫어하는지 어떤 음식을 먹고 싶어 하는지 다 알 만큼 우리가 우리로 지낸 시간이 오래되었다.

 오랜 시간에 사랑이 줄어드는 것은 전혀 아니다. 그만큼 넓어지고 깊어진 사랑이 나는 참 좋다. 비타민은 챙겨 먹었는지 잔소리하는 애정도 좋고 가끔 덤벙거리는 나를 타박하며 챙겨주는 마음도 좋다. 첫 만남에서 잘 보이고 싶은 마음에 긴장이 되어서 많이 먹지도 못했던 우리가, 이제는 배가 동그래질 때까지 배를 통통 두드리며 맛있게 먹는 것도 좋다.

신기하게도 너와 먹는 밥이 가장 맛있다. 너와 걷는 길이 제일 즐겁고, 너와 함께 보는 영화가 더 재밌고, 너와 이야기하는 게 무엇보다 신난다.

 앞으로도 이렇게 우리는 우리로 살자. 늘 다정하게 눈 맞춤하고, 언제 보아도 보고 싶었다며 달려가 서로를 안아주자. 좋은 날이면 맛있는 음식을 함께 먹고, 어느 날에는 갑자기 생각이 났다며 작은 선물을 전해주면서 지내자. 사랑한다는 말은 아끼지 않으면서 오늘처럼 살아가자. 아주 오래도록. 그 시간이 영원이 될 때까지.
 함께 사랑하자.

**물든 사람,
물든 사랑.**

  비가 온다는 소식에 걱정되는 누군가가 떠오른다면, 마음 한쪽에 머물게 된 사람이 생긴 것이다.

  굵어진 빗줄기를 보며 바래러 나가고 싶은 마음이 생겼다면, 어깨 한쪽이 젖은 줄도 모르고 걸어가듯 마음이 온통 그 사람으로 물들어 간 것이다.

  함께 오래도록 발맞추어 걸어가고 싶은 사람을 찾아냈다는 뜻이니까.

나의 편

 남편과 결혼한 지 5년 차를 넘어간다. 큰 문제 없이 자주 웃고 부지런히 추억을 만들어가며 둘이서 재미있게 살아가고 있다. 특별한 것 없는 일상이고 때로는 체력적으로 지칠 만큼 바쁜 날들을 보내기도 하지만, 매 순간 웃으면서 지나갈 용기를 주고받는 건 배우자와 함께여서 가능하다.

 우리의 연애 초창기를 되돌아보자면, 서로 가장 찌질한 순간을 함께했었다. 인세를 제대로 받지 못해서 전전긍긍하던 나였고, 사업체를 운영하면서 투자자들과의 갈등으로 힘들어하던 그였다. 멋지고 좋은 모습만 보여주고 싶은 순간에 서로가 밑바닥인 모습을 다 보이고서 시작한 셈이었다. 인생에서 가장 가난하고 치사할 때 우리는 만났다. 남들은 좋은 시절이라고 부르는 젊은 날이 왜 그리도 고단했는지 모른다. 어느 것 하나 노력한 만큼 풀리지 않았던 현실의 벽에 좌절하던 때에 서로를 만났다. 대단한 점이라고는 하나도 없었던 우리가 연애를 시작했던 건 아이러니하게도 그 밑바닥의 모습을 보았기 때문이었다.

 비참하고 어려운 시간을 지날 때 보이는 모습이 어쩌면 진짜 그 사람의 본모습일지 모른다고 생각했다. 좋은 일만 있을 때는 누구나 온화하고 밝을 테니까, 힘든 순간에 보이는 모습이 진짜 본성인 것 같았다. 그는 힘듦을 꽤 의연하게 버텨내며 정면 돌파하는 사람이었다. 예민할 수 있는 상황에서도 굳이 옆사람을 피곤하게 하거나 눈치 보게 만들지 않았다. 상황이 어렵다는 이유로 짜증을 낸 적도 없고, 힘들다고 하염없이 푸념하며 징징댄 적도 없다. 본인이 해결할 일에 대해서 묵묵하게 책임지고 걸어가는 모습이 어른스러웠다. 어떤 일의 결과에 대해서 남 탓을 하지도 않았고, 불운으로 얼버무리지도 않았다. 자신이 선택한 결과임을 받아들였고, 잘못된 결과여도 너무 오래 자책하거나 우울해하지 않았다. 그 모습을 보면서, 저런 사람의 곁이라면 어떤 순간도 함께할 수 있을 것 같았다.

얼마 전 남편에게도 그때의 내가 왜 좋았냐고 물어봤더니 대답은 나와 비슷했다. 누가 봐도 어려운 길을 굳이 걸어가겠다는 사람인데도, 참 밝았다고 한다. 눈물이 많아서 자주 울긴 했지만, 또 금세 괜찮아져서 글을 쓴다고 공부하고 습작하는 모습이 반짝거려서 신기했다고 회상했다. 부지런히 공부하고 무언가를 또 해보려는 모습을 보면서 본인의 삶에서 나와 함께한다면 살면서 어떤 어려움이 와도 현명하게 헤쳐 나갈 수 있겠다 싶은 마음이었다며 웃음 지었다.

각자의 힘들었던 시간을 옆에서 지켜본 시간이 길

었던 덕분에 우리는 서로의 일을 존중한다. 어떻게 이뤄냈고, 지켜온 꿈이라는 걸 알기 때문이다. 마음의 우선순위는 당연히 반려자인 서로이겠지만, 현실에서는 우선순위에 일을 양보하는 일에 대해서 불편함을 느끼지 않는다. 나는 글을 쓸 때, 그는 일을 할 때 가장 행복해 한다는 걸 알고 있다. 우리에게 사랑은, 사랑하는 사람이 행복해하는 걸 마음껏 할 수 있도록 해주는 것이다.

원고 작업이 많을 때는 내 생활패턴은 엉망이 된다. 소위 말하는 감이 왔을 때, 그 감을 놓치지 않고 써야 해서 아침이 다 되어서야 잠들 때가 많다. 책 원고 말고도 써보고 싶은 것들이 많아서 점점 글 쓰는 일에 몰두하게 되는데, 남편은 언제나 내 편이다. 한 번도 원고 작업에 대해 잔소리를 한 적이 없다. 내가 지쳐 잠들어 있으면 암막 커튼을 쳐주고, 비타민을 챙겨주고, 내 몫의 집안일까지도 본인이 해주려 한다. 그게 그의 사랑법이라는 걸 안다. 무슨 일이 있어도, 내가 어떤 걸 하더라도 언제나 내 편인 존재가 있다는 건 살아가면서 느껴볼 수 있는 가장 든든하고 온전한 감정이다. 그 든든함 덕분에 지금껏 지치지 않고 작가로서 살아가고 있다.

드라마에서는 남녀 주인공이 결혼식장에 들어가고 끝이 나며 해피엔딩이라 말하지만, 결혼은 현실이었다. 두 가장인 우리는 헤쳐 나가야 할 것도 많았고, 버텨내야 할 것들도 많았다. 현실적인 문제 앞에서도 예전에 힘든 시간을 버텨온 경험 덕분에 의연하고 담대하게 기죽지 않고서 그 순간을 지나올 수 있었다. 좋은 날들 속에서 덜컥 찾아오는 어려운 시간도 서로 장난치면서 지낼 수 있었던 건 서로를 믿었기에 가능했다.

남편은 장난이 많고 나는 말이 많다. 그러니 집이 늘 복작복작하다. 별일 아니어도 꼭 그에게 가서 미주알고주알 세세히 다 말해야지 만족스럽다. 반대로 그는 나에게 꼭 장난 몇 가지는 치고 넘어가야 뿌듯해한다. 그래서 혼자 살 때보다 더 자주 웃고, 재미

있는 일들이 많이 일어난다. 속을 터놓고 무엇이든 말할 수 있고, 멀쩡한 모습만 보여주지 않아도 괜찮은 가장 좋은 친구인 남편이라는 존재가 있어서 참 다행임을 느낀다.

우리는 웬만하면 잘 싸우지 않고 지내는데, 둘 다 성격이 좋아서라기보다는 서로 바라는 게 크지 않기 때문이다. 막상 들여다보면 완벽한 사람은 없다고 생각한다. 누구에게나 단점은 있는 법이다. 나도 완벽한 사람이 아니고 그 역시 완벽한 사람은 아니다. 나의 부족한 부분을 그가 열심히 채워주려고 노력하면서 살고, 그의 부족한 부분은 내가 메꿔주려고 노력하면서 살아간다. 서로에게 완벽을 바라지 않는다. 그저 곁에서 편안하기만을 바란다. 완벽하고 모든 면에서 흠이 없는 사람이 되지 않아도 괜찮다. 조금 모자란 부분이 있어도 되고, 거슬리는 부분이 있어도 상관없다. 모자란 부분은 상대가 덧대어 주고, 뾰족하게 튀어나온 부분은 오랜 시간 살살 문지르다 보면 둥그렇게 되어있음을 알고 있다.

고통을 나누면 반이 되지는 않는다. 안타깝게도 고통을 나누면 두 명 다 고통스러워하는 형상이 되고 만다. 그래도 부부끼리 고통을 나눴을 때 위로가 되는 건, 이렇게 힘든 순간에도 이 사람은 무조건 내 편이라는 게 눈에 보여서 버텨낼 힘이 생긴다. 사실 배우자가 램프의 요정 지니도 아니고, 슈퍼맨도 아니다. 무언인가 뚝딱 해결해 줄 수도 없고, 모든 일을 다 해줄 수도 없다. 결국 해내야 하는 건 본인이다. 혼자서 자기 일을 하다가도 고단할 때 그 고단함을 토로할 수 있다는 것만으로 버티는 일이 수월해진다.

모두가 다 각자만의 방식으로 살아간다. 혼자서 살아가기도 하고, 누군가와 만나기도 하고, 또 같이 살기도 한다. 내가 선택한 행복의 방법은 이 남자와 함께 살아가는 것이다. 어쩌면 살아가는 날 중에서 여태 겪어보지 못했던 큰 폭풍우를 만날 수도 있다. 그래도 두렵지만은 않다. 우리는 폭풍우 속에서도 두 손 꼭 잡고 장난치면서 바람이 너무 세게 불고

비가 너무 많이 온다며 대수롭지 않게 넘어갈 것임을 안다. 소란스럽지 않은 행복을 느끼면서 날마다 조금씩 용감해지며 살아간다. 언제나 하염없이 사랑으로 응원해 주는 그의 마음이 있기에.

재미있는 삶

 전에는 나가는 걸 좋아했었다. 사람들을 만나는 것도 좋아하고, 여기저기 새로운 것들을 보는 것도 좋아했다. 언제부터인가 좀처럼 나가지 않고서 생활하게 되었다. 밖에서 보내는 시간을 아껴서 글 쓰는 일에 투자했다. 그러다 보니 모든 삶의 루틴이 원고 작업을 위한 것으로 맞춰져 있었다. 책을 읽고, 글을 쓰고, 책을 만드는 삶. 무엇보다 내가 바라왔던 이상적인 삶의 모양이었다. 언제든 읽고 싶은 책을 읽을 수 있고, 쓰고 싶은 글을 쓸 수 있다는 건 행운이나 마찬가지다. 꿈꿨던 삶을 살아갈 수 있음에 감사하는 마음으로 살아가고 있다.

아이러니하게 남들 눈에는 내 삶이 좋아 보이지 않았는지, 선배 한 명을 필두로 여러 명이 나를 걱정해 주기 시작했다.

"젊음도 한때야. 지금 그렇게 틀어박혀서 일만 하면 나중에 무조건 후회해. 나가서 놀아."

놀고 싶어도 체력이 부족한 날이 오면, 후회해도 늦는다면서 나의 생활 패턴을 걱정했다. 내 나름대로 놀고, 여행하며, 즐겁게 살고 있다고 말했지만, 그녀들은 영 만족스럽지 않은 것 같았다. 더 많이 놀고, 열심히 새로운 곳들도 찾아가 보고, 유행인 것들도 다 해보면서 살라며 당부했다. 많이 놀아두라며 잔소리하는 얼굴의 진지한 표정 때문인 건지, 흘려듣게 되지 않았다. 재미있게 좀 살라며 타박하던 말들을 듣고서 내 일상을 곰곰이 생각했다. 정말 중요한 일이 아니고서는 웬만하면 글 쓰는 일에만 시간을 쓰고 있었다. 당연히 다른 사람보다 해보지 않은 경험들이 생겼고, 낯선 것들이 많아졌다. 그들의 말처럼 나중에 후회할까 봐 문득 겁이 났다.

　재밌게 산다는 게 무엇인지 생각할수록 어려웠다. 어떤 재미를 추구해야 하는 것이며, 재미란 무엇인지 꽤 철학적인 질문으로 이어졌다. 선배의 조언처럼 유행이라고 하는 카페도 가보고, 줄 서서 먹는 식당도 가봤다. 아쉽게도 그다지 즐겁지만은 않았다. 영화를 함께 보는 모임에도 참여했지만, 기대했던 즐거움은 영 아니었다. 솔직하게 말하면 시간이 아까웠다. 이 시간을 여기다 쓰는 게 맞는 건가 싶었다.

　여러 가지 시도를 해봤지만 좀처럼 나에게 즐거움으로 다가오는 일들은 없었다. 여전히 나에게는 서점에서 책을 보거나 도서관에서 책을 읽고, 집에서 글을 쓰는 일이 가장 즐거웠다. 그동안 다른 무언가를 해보려고 시도하지 않았던 것은 충분히 재미있는 삶이라서 그랬던 것이었다. 글 쓰는 게 업이 되어버렸기 때문에, 글 쓰는 건 재미있는 게 아니라고 은연중에 생각하고 있었던 것 같다. 하루 종일 무언가를 쓰는 삶은 재미 없는 삶이라고 스스로 오해하고 있었다.

 나에게 있어서 글은 가장 큰 행복이자 즐거움이다. 다른 건 다 포기할 수 있어도, 딱 한 가지 포기할 수 없는 게 글 쓰는 일이다. 그 정도로 내게 소중하다는 것은 내 행복이라는 뜻과도 동일했다. 하루 종일 즐거운 일을 하면서 살아갔기에 그동안 재밌는 다른 일을 하고 싶다는 생각을 못 하고 있었을 뿐이었다. 이렇게 하고 싶은 일을 원 없이 하면서 살아가는 게 행복이 아니라면 무엇이 행복일까 싶었다.

 나는 소소한 즐거움에 더 행복해지는 사람이었다. 이렇게 노트북 앞에 앉아서 키보드를 두들기며 살아가는 게 너무나 큰 즐거움이다. 따로 뭘 하지 않아도 되고, 별다른 특별한 걸 찾으려 하지 않아도 된다. 마음이 지치면 맛있는 음식 한 그릇을 먹고 폭

신한 침대에 들어가 강아지 꼬순내를 맡으며 한숨 자고 일어나면 그걸로 괜찮아진다. 단순하고 쉬운 일로 금방 즐거워지고 행복해지는 가성비 좋은 사람이 나였다.

  나중에 나이 들면 젊었을 때 못 놀았던 게 아쉬울까 봐 걱정됐었다. 유행도 더 따라 해볼걸. 여행도 많이 가볼걸. 유명하다는 식당의 메뉴도 줄 서서 먹어볼걸, 남이 하는 거 다 해볼걸. 이런 아쉬움을 머금고 살기 싫었다. 나의 청춘이 푸르르지 않은 것만 같았다. 남들은 화려한 푸른색인데, 나만 탁한 초록색일까 봐 걱정됐다. 쓸데없는 걱정이라는 걸 이제는 알았다. 누군가 봤을 때는 딱히 재미도 없고, 시시한 삶일지 몰라도, 내 눈에는 나의 청춘이 반짝이고 있었다.

  꼭 남들이 하는 걸 다 해보지 않아도, 유명하다는 걸 먹어보고 구경하지 않아도 인생의 즐거움은 다가오는 법이다. 자기 삶에서 본인이 편하고 즐거워야 진짜로 재미있는 삶을 사는 것이다. 아무것도 하지 않아도 충분히 재미있는 사람도 있고, 독특한 일을 직접 해봐야 행복한 사람도 있고, 많은 것들을 경험해 봐야 즐거운 사람도 있다. 다 각자 방식으로 삶에서 재미있는 기억을 모으며 살아간다.

사뭇 다른 모습으로 자기만의 즐거운 시절들을 보내고 있다. 진짜 재미있게 살아간다는 게 정확히 무엇인지는 아직도 잘 모르겠지만 분명하게 알 것 같은 것은 있다. 어떤 즐거움이라 해도 가장 중요한 것은 자신의 마음이 편안해야 한다는 것이다. 남의 눈치 보지 않고, 비로소 내 마음이 편해지는 순간이야말로 가장 즐거운 순간일 테니까.

낭만

낭만이 별거일까
꿈꾸는 미래에 그 사람이 함께하길 바라는 것
꿈꾸는 미래와 닮은 사람을 찾아내는 것
꿈꾸듯 평온한 사람을 만나는 것
꿈꿨던 이상적인 감정을 느끼는 것
그거면 충분히 우리는 낭만 속을 거니는 거지

'말'이 가진 힘

 말을 예쁘게 한다는 건 타고난 재능보다 엄청난 노력의 영향이 크게 작용하는 것 같다. 예쁜 형태로 열심히 다듬은 말을 건네기까지의 그 사람이 했을 노력을 알기에, 다정한 말을 들으면 유난히 기분이 좋아진다.

 그다지 친하지 않았던 선배가 있었다. 무심하게 툭툭 내뱉는 말이 꼭 시비를 거는 것 같은 착각을 만드는 말투여서, 그다지 첫인상이 좋지 않았다. 전공과목을 공부하는 게 힘들었던 날에 그녀에게 나와 전공이 맞지 않는 것 같다고 푸념했던 적이 있었다. 그러자 그녀는 '전공이랑 안 맞는 게 아니라 그냥 네가 공부 덜 한 거 같은데?'라고 답했다. 다른 날에는 인터넷 쇼핑으로 산 원피스가 막상 별로였다고 아쉬워하자 '그럼 그냥 옷 사지 마. 인터넷 쇼핑이 다 그렇지 뭐. 어느 정도 감안하고 사는 거 아냐?'라고 말했다.

  선배의 말은 딱히 틀린 말은 없었다. 굳이 따지자면 정답에 가까웠다. 그런데도 나는 그녀의 말이 불편했다. 때로는 정답이 따가운 법이었다. 몇 번 그런 대화를 한 이후로는 그녀와 개인적인 대화는 피하려고 노력했었다. 그녀에게 혼나는 듯한 느낌을 받고 싶지 않았다.

  방학이 되었을 때, 그녀에게서 카톡이 왔었다. 메일 주소를 알려달라고 해서 알려줬더니 선배로부터 한 통의 메일이 와 있었다. 자신이 들었던 과목의 시험 족보가 담긴 파일이었다. 메일에는 '원래 어려운 과목이야. 네가 못한 건 아냐. 전과 생각하지 말고 끝까지 공부해서 졸업해.'라는 말까지 덧붙여져 있었다. 또 다른 날은 자취방 주소를 알려달라고 그랬다. 무슨 일 때문이냐고 물었더니 자기가 자주 들어가는 인터넷 쇼핑몰에서 원피스가 할인 중이라며 하나 보내주겠다며 말했다. 그 쇼핑몰은 모델 착용 컷이랑 실제 착용 모습이 비슷하다며 괜찮을 거라고 했다.

무뚝뚝하게 말했던 사람이 뒤에서는 이렇게나 나를 챙겨주다니. 선배의 예고 없는 다정함에 당황스러웠다. 그 이후로도 그녀는 내가 스치듯이 했던 말을 기억해서 필요했던 무언가를 건네줬다. 받기만 할 수가 없어서, 대학생 신분으로는 꽤 고가의 식당에 가서 선배에게 밥을 사줬던 날이었다. 그녀는 내가 꽤 마음에 들었다고 했다. 부지런히 종종걸음으로 열심히 사는 모습이 기특해 보였다며 말했다. 챙겨주고 싶은 후배인데, 정작 말이 그렇게 나오지 않았다며 솔직하게 자신의 단점을 고백했다.

그녀와 대화하고 나면 괜히 머쓱해지는 게 싫어

서, 은근히 피하려고만 했던 게 미안할 정도였다. 선배의 마음은 사실 누구보다 따뜻한 사람일지도 모른다는 생각이 들었다. 다만 표현하는 방법을 알지 못한 채 살아갈 뿐이었다. 마음과 말이 똑같이 나오면 좋으련만, 마음과는 달리 훨씬 투박하고 거칠게 나오는 말 때문에 그녀를 오해하고 있었음을 알았다.

그날 이후로 종종 같이 밥을 먹고, 도서관도 다니고, 카페도 갔다. 속마음은 다를 거라고 의식하면서 그녀의 말을 들어야 했다. 그러다 문득 내가 듣는 방법을 고칠 게 아니라, 선배가 말하는 걸 바꾼다면 서로에게 좋지 않을까 싶었다. 그녀에게 말하기 전에 두 번 더 생각해 볼 것을 추천했다. 당장 떠오르는 대로 말하지 말고, 두 번 정도 여과 작업을 한 후에 진짜로 하고 싶었던 말을 찾아보면 나을 것 같다고 말했다.

선배는 처음에는 왜 그렇게까지 해야 하는 것이냐

며 불편한 기색을 내비쳤다. 그리고 머지않아 열심히 말을 고쳐나가려는 모습이 보였다. 왜 그렇게까지 해야 하냐는 말조차도 속마음과는 달랐던 것 같다. 그녀는 눈에 보일 정도로 점점 달라졌다. 오후에 밥 먹었냐고 물어보면 '그럼 이 시간까지 굶었겠어?'라는 대답 대신에 '응 먹었지. 너는?'이라는 아주 당연하지만 부드러운 대답이 들려왔다. 선배와의 대화가 점점 불편하지 않았다. 속마음은 다를 거라며 애써 생각할 필요도 없었다. 시간이 점차 흘러가면서 그녀의 말이 그녀의 따뜻한 마음을 그대로 담아 나오기 시작했다.

수험생활을 시작하기로 한 나에게 선배가 말했다.
"뭘 하든 잘할 거니까 시험 보는 건 걱정이 안 되는데, 공부한다고 밥 굶을까 봐서 걱정이네. 잘 챙겨 먹으면서 책 봐."
며칠 후, 그녀로부터 종합비타민을 선물 받았다. 말과 마음이 똑같아진 그녀는 더 이상 날 서 있는 것처럼 보이지 않고, 대화가 불편하지도 않았다.

지금의 그녀는 내가 아는 사람 중에서 손에 꼽힐 정도로 예쁘게 말을 하는 사람이다. 본인의 말하는 습관을 고치기까지 얼마나 많은 노력을 한 건지는 감히 다 알 수 없다. 사람들과 멀어지는 이유를 모르겠다며 고민했던 그녀는 달라졌다. 수많은 시간을 들인 노력 덕분에 그녀의 곁에는 좋은 사람들이 늘 함께하고 있다. 선배의 말이 달라지지 않았더라면 그녀가 이렇게 따뜻한 사람인지 아는 사람은 몇 없었을 것이다. 투박한 표현 때문에 가려져 안보였던 따뜻한 성품을 모두가 느끼고 있다.

이왕이면 예쁜 말을 하고, 날 선 표현을 하지 않으려 노력하고 있다. 큰 의미가 없는 말이었다고 하겠지만, 생각 없이 던진 말들이 콕콕 가슴에 박혀서 따가웠던 경험들로부터 배운 점이다. 남에게 말할 때 이왕이면 몇 번 더 생각하고 다듬어서 말하곤 한다. 내 말이 그 사람의 마음에 닿았을 때 작은 껄끄러움도 남아있지 않았으면 하는 마음에서 조심하려 노력하고 있다.

말과 칼은 한글에서도 자음 한 글자 차이듯이, 영어에서도 word와 sword 알파벳 한 글자 차이이다. 누군가의 말은 다정한 응원이 되기도 하고, 어떤 이의 말은 날카로운 칼이 되기도 한다. 말이 무슨 역할을 하게 될지 운명을 정하는 것은 화자의 역량에 달려있다. 생각나는 말도 몇 글자 삼켜내고, 하고 싶은 말도 다듬어서 꺼낸다. 주위 사람이 내 말로 인해 다치지 않길 바라며.

내일을 희망으로 바라보는 일

 일어나야 할 일은 일어나고, 지나가게 될 일은 지나간다. 미리 걱정한다고 해서 달라질 건 없다. 일어나지 않을 일을 일어나게 만들 수도 없고, 지나가야 할 일을 못 지나가도록 막을 수도 없다. 단지 우리가 할 수 있는 것은 어떤 일에도 좌절하지 않고 다시 내일을 희망으로 바라보는 일이다. 행복으로 충만해진 마음을 가지고 용감히 살아가길 소원하면서.

쉬어가도 될 것 같아서

 피부가 뒤집어져서 어떻게 손쓸 수가 없었다. 급히 찾은 동네 피부과에는 나이가 지긋한 흰머리의 의사 선생님이 있었다. 내 얼굴을 꼼꼼하게 살피더니 이렇게 물었다.

 "요새 스트레스 많이 받았나 봐요?"

 딱히 스트레스 받을 일이 없었다며 고개를 젓자, 그가 말했다.

 "원래 스트레스 받고 있는 사람들이 자기가 스트레스 받는 줄도 모르고 살아서, 이렇게 몸이 말하는 거예요. 힘들다고요."

선생님은 스트레스성 피부염이라는 병명을 진단해 주었다. 그리고 평생 잘못 알고 있었던 내 피부타입도 정정해 주었다. 지성피부가 아니라 민감성피부라서 관리를 잘 해야 한다고 당부했다. 피부가 나아지려면 뭘 바르고 어떤 걸 해야 하냐 물었다.

 "재생 크림 하나만 바르고 뭘 더 하려고 하지 말아요. 스트레스 받았을 때는 쉬는 게 최고의 약이에요. 피부에도 마음에도."

 처방받은 피부연고를 들고 집에 들어왔다. 울긋불긋해진 얼굴에 연고를 바르고 컴퓨터 앞에 앉았다가, 마음을 다잡고 침실로 발걸음을 옮겼다. 오늘은 쉬어가도 될 것 같아서. 아니, 당분간은 천천히 나아가도 괜찮을 것 같아서.

마음의 먼지

 뜻 모르게 울컥 올라오는 감정이 있다. 지난날의 후회가 만든 것일 수도 있고, 못 들은 척 애썼던 누군가의 모난 말이 불러일으킨 것일 수도 있고, 한동안 쌓여왔던 고달픔이 터져 나온 것일 수도 있다. 결국은 묵혀둔 무거움이 문제다. 그때그때 풀지 못한 먹먹함은 기어이 이렇게 사고를 친다. 왈칵 쏟아지는 눈물로, 덜컥 찾아오는 노여움으로, 발칵 뒤집힌 채 나타나는 어지러움으로 나타난다.

쌓이지 않게 훌훌 털어내는 연습을 한다. 지나간 일은 지나간 그대로 그 자리에 두고. 날카로운 말이 남긴 상처에 연고를 바르고. 좀처럼 풀리지 않는 인생에게 하소연도 해본다. 나아지는 건 없어도, 나빠지지 않도록 마음의 먼지를 털어낸다.

털어내고, 닦아내고, 지워내다 보면 그제야 마음이 온전히 보인다. 탁한 색일 줄 알았던 마음이 말갛고 고운 무지갯빛으로 빛나고 있다는 걸 알아챌 것이다. 하염없이 내리는 비가 온 뒤에는 무지개가 떠오르는 법이니까.

멀어져야
찾아오는 행복

　일찍 독립한 후배가 있다. 시대의 흐름을 반영하지 못한 부모님의 아래에서 태어난 탓에, 오랜 시간 힘들어야 했던 사람이다. 무조건 오빠 먼저인 집에서 자란 그녀는 늘 양보를 배워야 했다. 학생 때는 공부에 소질이 없는 오빠라는 이유로 모든 사교육비가 오빠에게 갔다. 대학생 때는 동생보다 안 유명한 대학교에 간 오빠의 기를 죽이면 안 된다는 이유로 모든 용돈은 오빠에게 갔다. 직장인이 되었을 때는 취직을 못 한 오빠의 뒷바라지를 해줘야 한다는 이유로 그녀가 받은 월급의 대부분이 오빠에게 갔다.

마음이 여린 그녀는 참고, 참고 또 참았다. 가족이니까. 오빠니까. 참는 일에는 도가 틀 정도로 잘 참아내었다. 열심히 회사를 나가지만 자기 이름으로 된 적금 통장 하나가 없었고, 받는 월급이 적지 않은 금액이었지만 제대로 된 겨울 코트 한 벌이 없었다. 없어도 상관없다며 살아가던 그녀를 무너뜨린 건 그녀의 부모님이었다.

 회사 좀 다닌다고 오빠 앞에서 유세 떨지 말라며 큰소리를 내는 부모님 앞에서 그녀는 그제야 정신이 번쩍 들었다. 나에게 없어야 할 것은 내 월급 통장도, 따뜻한 겨울옷도 아니라, 평생 나를 무시하기만 하는 가족이구나. 그녀는 짐을 싸서 독립했다. 태어난 순간부터 언제나 오빠밖에 없었던 부모님을 뒤로하고 자기만의 공간을 만들었다. 집을 얻었고, 그 공간을 본인에게 필요한 것들로만 채워 넣었다. 작은 오피스텔이었지만, 그녀에게는 처음으로 따뜻한 집의 온기를 느끼게 해준 장소였다.

이렇게 해피엔딩으로 끝나면 좋으련만 그녀의 부모님은 쉽게 포기하지 않았다. 틈만 나면 전화를 걸어 집을 나가는 건 상관없어도 월급은 자신들에게 부쳐야 한다며 언성을 높였다. 그녀는 생각보다 단단한 사람이었고, 부모님의 행동에도 그다지 타격이 없었다. 더는 슬퍼지고 싶지 않았던 그녀는 단호했고, 그 단호함은 그녀를 지켜주었다.

내게 자기 가정사를 털어놓던 그녀의 얼굴이 아직까지 생생하다. 대수롭지 않게 말하는 말투와는 다르게 눈동자는 고요했고 무거웠다. 이미 오래된 일이라 괜찮다며 말하고는 있었지만, 그녀의 마음속에 깊이 파인 상처는 아직 아물지 못한 것처럼 보였다. 엄마 아빠의 사랑에 대한 글을 보면 잘 공감하지 못한다면서 머쓱하게 웃는 그녀의 미소가 쓰라렸다. 그녀가 겪었을 아픔의 크기가 상상조차 되지 않아서, 뭐라 위로의 말을 섣불리 꺼내지 못하고 있었다.

우물쭈물 거리는 나에게 그녀가 말했다.

"그렇게 너무 걱정하진 말아요. 나는 지금 행복해요. 내 방이 있고, 내 통장이 있고, 내 삶이 있잖아요."

그녀의 웃음은 비로소 진정으로 행복해 보였다. 무언갈 놓아야만 온전해지는 행복이 있다. 함께할수록 서로에게 해만 되는 존재와는 아무리 아프더라도 멀어져야만 행복해질 수 있다. 함께해온 시간이 길어서 떨어져 나가야 할 때 만들어지는 상처가 깊을지도 모른다. 간혹 문득 찾아오는 기억이란 감정이 짙은 흔적이 되어 통증으로 다가올 수도 있다. 그래도 용기를 갖고 과감히 멀어져야 할 때는 멀어져도 된다. 남은 시간 동안 괜찮아질 일만 남았으니까.

"나는 지금 행복해요."
"내 삶이 있잖아요."

마음의 골든타임

　얼마 전 남편이 요리하다가 화상을 입었다. 프라이팬에 재료들을 넣고 볶다가 기름이 손등에 튄 것이다. 그는 따끔하긴 했지만, 별로 대수롭지 않게 생각하고서 마저 요리했다. 기름 한 방울 정도야 그다지 큰일이 아니라 생각한 탓이었다. 그의 손등의 빨간 자국에 수포가 생기더니, 크기가 점차 커져갔다. 뒤늦게 화상 연고를 발라봤지만 소용없었다. 수포의 크기만큼 커다란 흉이 생기고 말았다.

　작은 기름방울이 튄 손등의 흉터가 저런데, 마음이야 오죽할까 싶었다. 이미 다쳐버린 마음이 회복할 시간이 다 지나고 나서야 발라보는 연고로 회복될 리가 없다. 마음에도 골든타임이 있다. 놔두면 알아서 나을 것이라고 모른 척하는 순간 더 깊은 흉터를 만들고 만다. 마음이 다쳤다면 최대한 빨리 상처를 돌봐주어야 한다. 저절로 나아질 아픔은 존재하지 않는다. 아무렇지 않은 척하면서 지나가는 시간 동안 점점 더 상처만 깊어질 뿐이다. 삶에 지치고 사람에 다쳤던 순간마다 앓고 있었던 마음을 이제라도 살펴봐 줬으면 좋겠다. 치열하게 고민하며 살아온 시간 덕분에 오늘의 당신이 있듯이, 괜찮은 척 버텨온 마음 덕분에 오늘의 미소를 지키고 있던 것일 테니까.

이제야 보이는
당신의 날들

　부모님 댁에 갔을 때 두꺼운 사진 앨범들을 꺼내 봤다. 내가 태어난 순간부터 초등학교를 졸업할 때까지 부모님이 찍어준 사진들을 모아 만들어준 앨범들이었다. 신생아 시절 내 모습보다 눈에 들어왔던 것은 눈이 부시도록 아름다운 엄마였다. 흰 피부에 쌍꺼풀진 큰 눈, 사랑스러운 눈동자. 이십 대 엄마의 모습이 어색하리만큼 생경했다. 아빠에게 엄마의 젊은 시절 앨범을 찾아달라고 부탁했다. 20대 때 사진이 취미였던 아빠는, 7년간의 연애 시절을 보내면서 엄마의 사진을 찍고 인화해서 앨범으로 만들어두셨다. 그 앨범 속에서의 엄마는 누구의 아내도, 누구의 엄마도 아닌 예쁘고 멋진 여자 한 명이었다.

지금의 내 나이보다 어린 나이에 엄마가 된 이후로, 지금까지 쭉 엄마로 살아왔다. 사실 엄마는 대학교를 졸업하고 하고 싶은 일이 많았다고 한다. 전공을 살려 선생님으로 일하기도 했었고, 나처럼 글을 쓰기도 했었고, 대기업에 입사해 근무하기도 했었다. 안타까운 건, 이 사실들을 얼마 전에야 알았다는 것이다. 내 기억 속의 엄마는 늘 엄마이기만 했다. 주부였던 엄마의 모습 말고는 다른 걸 생각해 본 적이 없었다.

결혼 전의 엄마가 무엇을 좋아했는지, 어떤 걸 잘했는지, 무슨 꿈을 꿨는지 아무것도 알지 못했다. 그저 예쁜 우리 엄마. 이 단어들로만 엄마를 인지하고 있었다. 한 번도 엄마에게 엄마는 꿈이 뭐였냐고 물어볼 생각을 못 했다. 당연히 나와 동생이 잘 크는 게 엄마의 꿈이라고만 생각했다. 청춘의 한가운데에 있었던 엄마는 어쩌면 나보다 더 큰 꿈을 꿨던 사람일지도 모르는데, 엄마의 꿈은 엄마라고만 안일한 생각을 해왔다.

그 탓에 몇 년 전 엄마가 비영리 복지사업을 하시려고 할 때, 걱정이 컸었다. 주부로만 살아오신 분이 잘하실 수 있을까. 괜히 힘들기만 할 것 같아서 입으로는 응원한다고 말했지만, 속으로는 걱정이 컸다. 사무실을 구하고, 일을 시작하시면서 걱정했던 게 무색할 만큼 엄마는 복지사업을 키워나가고 있다. 그런 엄마의 모습이 여느 때보다 행복해 보인다. 수식 단축키를 사용해서 엑셀 작성도 쉽게 하고, 웬만한 회계 업무까지도 혼자서 할 정도로 본인의 일 자체를 즐겁게 하고 계신다.

엄마와 자주 전화하는데, 엄마의 퇴근 시간이 아닐 때는 전화가 가능한지 물어보게 됐다. 집에만 계셨을 때는 언제든 전화해도 괜찮았지만, 혹시 내 전화가 엄마의 업무를 방해할까 봐 물어보곤 한다. 가끔 바쁘다며 이따가 다시 전화한다고 할 때면, 우리 엄마지만 귀엽고 심지어 기특해 보이기까지 해서 혼자서 웃음이 나오곤 한다.

  엄마랑 카페에 갔을 때, 물어본 적이 있다.
"엄마, 센터 운영하는 거 힘들지 않아요?"
내심 엄마의 힘듦을 푸념하는 하소연을 들을 준비를 하고 물어본 질문이었다. 엄마의 대답은 내 기대를 완전히 벗어났다.
"너무 좋아. 내 사무실이 있고, 내 명함이 있어. 이게 얼마나 멋진 일이니? 집에서 너희들 키우는 것도 행복이었지만, 지금도 행복이야."

  활짝 웃는 엄마의 미소가 반짝였다. 엄마의 행복이 나에게까지 스며들었다. 엄마는 장난스럽게 본인이 젊었을 적에는 꿈이 많은 사람이었다고 말했다. 결혼 전에 어떤 일을 했었는지도 알려줬고, 결혼 후에도 사실 혼자서 해보고 싶은 일들이 있었다며 고백했다. 외할머니에게 들었던 엄마의 이야기는 예쁘고, 착하고, 공부 잘하는 딸이었다. 그래서 난 엄마를 닮지 않았다고 생각했었는데, 엄마의 이야기를 들어보니 나는 엄마를 그대로 닮은 사람이었다. 꿈이 많고, 욕심 많고, 해보고 싶은 게 많았던 엄마의 젊은 날이 눈앞에 보이는 것 같았다.

 엄마에게 조심스럽게 물어봤다. 만약 결혼하지 않았다면. 아니 결혼은 했지만 나와 동생이 없었다면, 엄마의 인생이 다르지 않았겠냐고. 이렇게 멋진 여자가 엄마의 인생으로만 살아가기는 너무 아까웠던 게 아닌가 싶었다. 엄마는 내 질문에 고민할 가치도 없다는 듯 답했다.
 "엄마는 내 사랑둥이 우리 딸들 만나려고 태어난 거야. 내 딸들이 없었으면 이렇게 행복할 수도 없었겠지."

 세상 그 무엇과도 바꿀 수 없는 게 나와 동생이라고 그랬다. 과거로 수십 번을 돌아간대도 엄마의 선택은 달라질 게 없다며 내 손을 잡았다. 아무리 많은 꿈들이 있다고 해도, 그 꿈들이 얼마나 멋진 것들이라 해도, 엄마가 선택할 꿈은 하나였다. 나와 동생의 좋은 엄마가 되어주는 것. 그것보다 더 큰 꿈은 없다면서, 본인은 꿈을 이룬 사람이라 얼마나 행복한 사람이냐며 흐뭇하게 미소 지었다.

 가진 능력에 비해 욕심이 많았던 나를 키우느라 엄마는 정말 힘들었을 것이다. 사고를 쳐본 적은 없지만, 웬만한 아이들보다 키우기 어려운 애였다는 건 확실하다. 배우고 싶은 건 꼭 배워야 했고, 하고 싶은 것도 꼭 해야 했다. 뭐든 잘해야 한다는 강박이 심했던 터라, 대회에 나가 원하는 결과가 안 나오면 며칠을 울기도 했다. 시험이 있으면 누구보다 예민해졌다. 욕심이 많아서 새벽까지 공부하던 날이 흔했다. 그때마다 혼자 깨어있어 본 적이 없었다. 늘 엄마와 함께였다. 엄마는 내 옆에서 책을 읽거나, 글을 썼다. 공부하고 있는 내 책상 위로 틈틈이 간식과 물을 가져다주셨다. 문제가 풀리지 않는다고 울며 짜증을 부려도, 엄마는 단 한 번도 화낸 적이 없었다. 성인이 된 후 실패라는 큰 돌부리에 넘어져 온몸이 멍투성이가 되었을 때도, 엄마는 그저 나를 꽉 안아줬다. 엄마는 나를 위해 묵묵히 본인의 젊음을 바꿔 나를 자라게 만들고 있었다.

승부욕이 많은 탓에 지기 싫어하던 욕심 많은 내가, 엄마의 사랑 덕분에 욕심을 내려놓을 줄 아는 어른이 됐다. 옆 사람들을 불편하게 만들 정도로 예민했던 내가, 엄마의 가르침 덕분에 웬만한 것들은 혼자서 티 내지 않고 감정을 해결하는 사람이 됐다. 오늘의 나는 나 혼자만의 노력으로 될 수 없었다. 엄마의 기다림과 노력, 타이름이 없었더라면 오늘날의 내가 없었음을 안다.

부모님의 청춘을 맞바꿔 자라난 나는 아직 작디작은 나무일 뿐이다. 굵은 줄기를 뻗고 큰 나뭇잎들이 풍성한 나무가 되고 싶어서 오늘도 열심히 살아간다. 언젠가 큰 나무가 된 어느 날, 내 그늘 안에서 부모님이 편안하고 행복하게 살아갔으면 싶다. 당신의 큰 품에서 아무런 걱정 없이 마음껏 꿈꿨던 그날들처럼, 이제는 당신이 내 품 안에서 아무런 근심 없이 마음껏 행복했으면 좋겠다.

내 젊음이 기울어 갈 때쯤,
이제야 당신의 날들이 보입니다.

나를 꽃피우기 위해 보낸 그 시간들을
마음속에 고이고이 간직하며 살아가려 합니다.

좋은 일은 언젠가 꺼내볼 미소 지을 추억으로.

나쁜 일은 다가올 날들을 의연하게
이겨낼 수 있는 기억으로.

좋은 사람입니다

충분히

당신은 이미

오랜 시간 동안
함께하기 위해서

커피를 좋아해서 커피를 줄였다.
커피를 오래 마시고 싶어서,
가끔 그리고 조금만 마시면서 지낸다.
좋아하는 무언가와 긴 시간 동안
함께하기 위해서는 적당함이 필요하다.

자극적이지 않고,
뜨겁지 않은 온도로 곁에 있는 법을 생각한다.
싱겁고 미지근한 사이 같지만,
그렇기에 더욱 오래도록 함께할 수 있는
그런 관계를 바란다.

누군가의 말에 휘청이지 말 것

사람들로부터 꾸준하게 걱정을 들으며 살았다. 20대 시절 수험생일 때는 아무 회사라도 들어가라는 조언을 들었다. 작가데뷔를 위해 준비하고 있을 때는 그런 일 해서는 굶는다고, 꿈꾸는 거 다 하면서 사는 사람은 없으니 포기하고 살아야 한다고 했다. 연애할 여유가 없다고 하자, 나중에 막상 결혼하려고 할 때는 남자가 없을 거라며 혼자 나이 들면 고독사를 당할 거라고 우려했다. 남자 친구가 생겼다고 하자, 다짜고짜 데이트폭력을 조심하라며 연애 잘못하면 팔자 망친다면서 걱정했다. 남자 친구와 결혼한다고 하자, 이 좋은 세상을 편하게 혼자 살지 왜 사서 고생을 하냐며 염려했다. 정작 서른이 넘어가자, 아이는 언제 낳을 것이냐고 물었다. 아직 아이 생각이 없다고 하자, 애 하나 바라보고 사는 게 결혼생활인데 한 살이라도 젊을 때 아이를 가지라고 조언했다. 뭘 하더라도 혹은 하지 않더라도 그들에게는 내 모든 선택이 걱정거리로만 보이는 게 신기할 정도였다.

 정작 가까운 사람들은 별말이 없었다. 어련히 알아서 잘하겠지. 이 마음으로 언제나 가만히 지켜봐줬다. 따로 간섭하지 않고, 특별히 조언하지 않아서 편안했었다. 그런 그들과는 너무나 달랐던 사람들의 걱정이 부담스러웠다. 진짜 나를 위해주는 마음이었을 수도 있고, 남의 일에 꼭 간섭을 해야 후련해지는 성격일 수도 있다. 어떤 이유라 하더라도 덧없는 걱정들이 불편했다. 더 이상 듣고 싶지 않았지만 난색을 표하지 않고 알겠다고 웃으며 넘겼던 것은 굳이 더 이상 말을 섞어서 피곤해지고 싶지 않았기 때문이었다. 불쾌한 내색을 하지 않은 내 탓인 건지, 알겠다며 웃었던 내 표정이 그들의 눈에는 진심으로 보였던 것인지, 걱정은 멈추지 않았다. 굳이 알고 싶지 않은 누군가의 이야기를 예시로 들면서까지 걱정 메들리는 이어졌다. 나를 위한다는 이유로 해주는 말들이 그다지 유쾌하지만은 않았다. '아, 내가 이래서 사람 만나는 걸 싫어했지.' 잊고 있었던 모난 마음까지도 빼꼼히 얼굴을 드러냈다.

친한 언니에게 전화를 걸어 왜 이렇게 남 걱정이 취미인 사람들이 많냐며, 힘든 소리를 했다. 언니는 그런 소리 들을 리가 없지 않냐고 물었다. 대기업 직원이자 두 남매 엄마인 그녀는 호사가들에게 흠이 없는 사람이 아닐까 싶었다. 언니가 대답했다.

"자식 언제 다 키울 거냐고 걱정하더라. 나 바쁜 거 아니까, 애는 엄마 손으로 키워야 한다고 우리 애들 걱정도 하던데. 아직 두세 살짜리 남의 애들 결혼할 때 집은 어떻게 할 건지까지 걱정하는데 뭐. 그런 사람들 상대하면 끝이 없어. 그냥 귀 닫고 속으로 애국가 불러."

그녀의 이야기 덕분에, 마음의 안정을 찾았다. 사람들로부터 간섭하고 걱정하는 말을 많이 들은 탓에 정말 내 삶이 잘못된 건 아닌지 진지하게 고민할 뻔했었다. 언니의 말처럼 트집을 잡고 싶은 사람들은 무슨 수를 써서라도 흠을 잡는구나. 내가 틀린 것도 아니고 잘못된 것도 아니라는 생각이 들어서, 그제야 안심이 됐다. 귀를 닫고 속으로 다른 생각을 하라던 해탈한 듯한 말을 할 때까지 그녀도 얼마나 속에서 답답했을지 싶었다. 끝없이 걱정거리를 찾아다가 쥐여주는 사람들도 대단했다. 각자 본인 문제는 알아서 잘할 텐데도, 그렇게까지 나서서 말하는 건 어떤 심리인지 도무지 파악이 안 됐다.

스쳐 지나갈 사람들의 말이라 깊게 생각하지 않으려 노력했다. 아무리 무시하려 노력해도, 그 사람들이 걱정이라고 던져준 말들이 돌멩이 같았다. 속뜻은 그게 아니라 하더라도, 받아들이는 사람이 불편하고 아프면 그건 아무 도움이 되지 않는 말이다. 나의 속도를 걱정해 줄 것도 없고, 목적지를 염려해

줄 필요도 없고, 내가 서 있는 길의 안정성을 측정해 주지 않아도 된다. 돌팔매질을 당하듯 여기저기서 날아오는 돌에 자꾸 맞다 보니, 언제부터인지 불안함이 덩치를 키웠다. 그들의 걱정은 정작 내 머릿속을 어지럽혔다. 도움이 되는 말은 없었고 버려야 할 말들이 대부분이었다. 쓸데없는 걱정들을 떨쳐내는 용기를 냈다.

그 이후로, 굳이 듣지 않아도 될 말을 듣고 싶지 않아서 생긴 버릇이 있다. 별로 가깝지 않은 사람들을 만났을 때 걱정이란 이유로 조언을 해주려고 하면 '그러게요.'라고 남의 이야기를 하듯 웃으며 대답한다. 작가 그만하고 더 늦기 전에 안정적으로 회사 취업해야지, 나이 들어서 후회해. 라는 말을 들었을 때는, '그러게요. 그래야죠.'라고 흔연스럽게 대답한다. 굳이 상황과 생각을 설명하는 수고로움을 겪지 않을 수 있었다. 나 역시 그들의 말에 큰 주의를 기울이지 않듯, 그들도 역시 내 삶에 그다지 큰 관심을 두지 않을 것임을 알기에 대충 넘기고 만다.

각자의 인생에서 주인공은 '나'이다. 결국 타인은 엑스트라일 뿐이다. 엑스트라는 주인공의 삶에 영향력을 미칠 수도 없고 미쳐서도 안 된다. 그들의 역할은 그저 주인공의 삶에서 잘 스쳐 지나가 주는 것이다. 서로 예의를 지키고, 조심히 거리를 둔 채, 원만하게 지나가려 노력한다. 살아감에 필요한 것은 걱정으로 포장한 간섭이 아니라, 진정으로 삶에 울림을 주는 모습일 것이다. 그러니 걱정이라는 허울을 쓰고 아픈 점들을 꼬집어 말하는 쓸데없는 말은 훌훌 날려 보내도 된다.

굳이 누군가에게 불편하고 껄끄러울 일들을 끄집어내지 않아야 한다. 진짜 걱정다운 걱정은 요즘 밥은 잘 챙겨 먹느냐는 다정한 말 한마디일 것이다. 걱정인 척하는 가짜 걱정에 속지 않았으면 좋겠다. 타인의 말은 단지 그 사람의 개인적인 생각일 뿐이라는 걸 잊지 않아야 한다.

마음에 모든 말을 다 담아놓을 필요는 없다. 버려야 할 말들 때문에 끙끙 앓고 있다면 과감하게 쓰레기통으로 버려도 좋다. 자신을 힘들게 하는 말을 담아두기에는 해야 할 일들도, 기뻐할 일들도 너무 많기 때문이다. 누군가의 말에 휘청이지 말고 평소처럼 다시 걸어가면 된다. 묵묵하게, 그렇게.

누군가의 말에 휘청이지 말 것.

모두에게
좋은 사람이 되는 것을 포기했다

누군가를 미워하는 건 참 힘든 일이다. 결국 내 감정과 시간을 엉망으로 만드는 비생산적인 일이라는 걸 알면서도 의연하게 대처하지 못했다. 미움의 씨앗을 끝도 없이 키워나갔던 시간이 있었다. 참다 참다가 미움의 한계치를 넘어섰을 때, 결국 폭발하듯이 휘몰아치는 나쁜 감정에 어찌할 바를 몰랐다. 애를 써서 단단히 붙잡고 있던 내 마음에 기어코 큰 돌덩이를 세차게 던지고 가는 사람을 미워하는 것 말고는 할 수 있는 게 없었다.

한 번씩 화가 나면 몇 날 며칠 동안 가슴이 아팠다. 유치하지만, 나를 화나게 만든 사람이 나보다 더 힘들어하느라 하루가 엉망이 되길 바랐다. 다른 사람과 대화하다가도 미워하는 사람이 떠오르면 다시금 쏟아지는 나쁜 감정을 억누르지 못했다. 억울하고, 슬프고, 서럽고, 화나는 복잡한 감정의 소용돌이가 나를 더욱더 힘들게 했다.

　남의 약점을 굳이 들춰내서 무기로 쓰는 사람, 자신은 이렇게 살아왔으니 어쩔 수 없다면서 본인만의 생각을 강요하는 사람, 사람과 사람 사이를 이간질하는 사람. 간혹 만나게 되는 이런 이상한 사람들 때문에 힘든 시간을 보냈었다. 도저히 참을 수 없을 때 단호하게 말하면 그제야 적선하듯이 미안하다는 사과를 건넸다. "미안." 그리고 나선 미안하다는 한마디를 해주었으니 어서 빨리 용서하라는 강요가 들어왔다. 그동안 본인이 해왔던 행동들의 날카로움은 망각한 채, 미안하다는 얕은 말로 깊은 잘못을 메꾸려고 했다. 상대의 잘못으로 생긴 상처에는 진심 없는 사과의 한 마디가 충분한 회복제는 될 수가 없다는 걸 알 텐데도 말이다.

　무례함을 솔직함이라고 생각하는 사람을 미워하는 데에 쓰는 시간이 아까웠다. 시간과 에너지를 나에게 사용하고 싶었다. 미움이나 원망 같은 감정들 때문에 하루가 엉망이 되는 건 멈춰야 했다. 곁에 있는 소중한 사람들과 웃을 수 있는 시간을 더는 뺏기고 싶지 않았다. 상대의 마음을 편하게 해주는 용서가 아니라, 나의 마음을 편하게 해주기 위해 용서하기로 했다.

　용서의 방법은 멀어짐이었다. 불쾌함을 표현하는 몇 번의 경고에도 불구하고 그 행동이 반복되는 경우가 있었다. 예전이었다면 속상해하고 넘어갔겠지만, 더는 이해하기 위해 나만 힘들어지는 노력은 그만두기로 했다. 다시 좋은 관계로 돌아갈지 모른다는 희망도 접어두었다. 타인이 아니라 오직 나를 위해 과감하게 그 사람과의 관계는 잘라내야 했다. 사람은 함께 살아가는 것이라고 하지만, 살아가는 과정에서 만난 누군가가 주는 게 불편함과 아픔뿐이라면 이야기는 조금 달라진다. 애써 참아내며 '함께'를 고집할 필요가 없을지 모른다. 구태여 하지 않아도 될 노력을 하면서 혼자서 애쓰는 일은 멈추기로 했다. 그러자 미워하는 일에 마음을 쓰지 않아도 됐다. 삶에서 영영 상관없는 사람이 된 이를 더는 신경 쓰지 않고 살아간다는 건 꽤 홀가분한 기분을 선사했다.

모두에게 좋은 사람이 되는 것을 포기했다. 마땅히 미워해도 될 사람에게까지 좋은 사람이 되려고, 자신을 희생하면서까지 참아내고 이해하기 위해 노력하는 걸 포기했다. 진심이 없는 사과에 좋은 사람이 되어보려고 애써 웃으며 "괜찮아"라고 거짓말하지 않는다. 괜찮지 않을 때는 괜찮지 않다고 말하고, 무례한 행동을 고치지 못한 상대의 언행을 실수라고 이해하지 않고 불편함을 알려준다. 나를 위해 좋은 사람이 되기로 했다.

나의 시간과 행복을 위해 마음 쓰는 법을 알게 되었다. 누군가를 미워하고 억지로 용서하는 데에 쓰느라 소진해 버렸던 에너지들을 모아 더 근사한 일들을 하는 데 쓰고 있다. 가족과 여행을 다녀온다던가, 오랜 친구와 차 한잔을 한다던가, 오랫동안 구상해 왔던 글을 쓴다. 소중한 일에 시간을 쓰면, 그 시간들이 다시 행복한 에너지로 차오른다는 걸 이제는 알고 있다.

더 나은 사람이 되고 싶다. 좋은 사람과 더 오래, 함께 즐거워지고 싶어서 더욱 고심하고 신중하게 살아간다. 나와 나의 사람들에게 좋은 사람이 되기 위해 잘 살아가고 싶은, 그런 날들이다.

모두에게,
   좋은 사람이 되는 것을 포기했다.

알아 온 시간 보다
알아갈 시간

 동네 친구였다. 같은 유치원을 나오고, 같은 초등학교에 입학하고, 다른 교복을 입고 중고등학교를 졸업하고, 각자 다른 대학교에 갔다. 서로 사는 곳은 달라졌지만 성인이 되어서까지도 우리는 친구였다. 우정이라는 이름으로 오래 함께한 사이였기에 그녀가 내 친구라는 것에 한 번도 의심해 본 적이 없었다. 생일을 가족 다음으로 챙겨주는 것도 그녀였고, 좋은 일도 나쁜 일도 모두 나눴던 것도 그녀였다. 당연히 나의 삼십 대에도, 사십 대에도, 더 나아가 백발의 할머니가 되어서도 우리의 우정은 견고할 것으로 생각했었다.

그녀의 부모님은 자식들이 아직 어린데도 불구하고 심할 정도로 싸웠었다. 십 대였던 친구가 버티기 힘들 정도로 부모님의 싸움이 격해질 때면 그녀는 집에서 도망쳐 나왔다. 울면서 내게 전화할 때마다 나는 기꺼이 피난처가 되어주었다. 우리 엄마께 부탁드려서 친구를 데리러 가기도 했고, 저녁을 먹지 못한 채 떨고 있는 친구에게 밥을 사주기도 했다. 그녀는 집에 가고 싶지 않다고 하염없이 울다가, 알코올 중독이었던 자신의 아빠가 얼마 전부터 도박에 빠졌다며 나에게 고백하듯 털어놓았다. 초등학교 저학년까지는 안정적으로 살았던 본인의 집이, 어느 순간부터 무너졌다며 어린아이처럼 울었다. 그 모습을 보면서 내 친구가 부디 이런 시련을 이겨내는 용감한 사람이 되길 바랐다.

친구의 꿈은 자신의 집으로부터 탈출하는 것이었다. 학생으로서 그 꿈을 이룰 방법은 오직 공부뿐이라며 악착같이 노력했었다. 그녀는 대학교에 입학해서 도박 빚에 시달리는 부모님으로부터 독립하겠다며 각오를 다졌다. 그러던 어느 날 집안 형편이 어렵다는 이유로 공부를 포기하려고 했다. 나는 친구가 자신의 꿈을 포기하지 않았으면 싶었다. 내 노트를 빌려주고, 참고서를 빌려주기도 했다. 공부할 곳이 없다는 친구를 위해 집에 초대해서 같이 공부하기도 했었다. 그녀는 포기하지 않았고, 다행스럽게 원하던 대학교에 입학할 수 있었다. 대학교 합격 발표 날, 가장 먼저 나에게 말하고 싶었다며 전화가 왔다. 덕분이라며 고맙다고 말하는 그녀의 웃음소리가 행복해 보여서 다행이었다. 장학금을 받고 대학교에 입학한 그녀는, 바람대로 기숙사에 들어가 부모님으로부터 떨어져 살 수 있었다.

별다른 것 없었던 날이었다. 오랜만에 간 고향에서 우연히 다른 친구들로부터 그녀의 이야기를 들었다. 친구들에게 내 이야기를 종종 했던 것이다. 재미없는 범생이에다가 공부가 별거인 줄 아는 한심한 사람이라고 말했다고 한다. 고향 친구는 이 사실을 모른 채 여전히 그녀에게 잘해주기만 하는 내 모습이 안타까워서 말해주는 것이라고 했다. 몇 가지 일화를 더 말해줬다. 자꾸 나를 들먹이며, 본인은 나보다 나은 사람이라는 걸 이야기했던 모양이었다. 그 이야기들을 들으면서 정신이 아득해졌다.

속상함보다 먼저 들었던 감정은 의문이었다. 그 애는 왜 그랬을까. 자신을 높이기 위해 굳이 그 자리에 없는 나를 비교 대상으로 쓴 이유는 무엇이었을까. 공부만이 자신의 집을 탈출할 수 있는 유일한 방법이라고, 마음 놓고 공부하고 싶다면서 오열했던 그녀는 다른 사람인 걸까. 의문이 꼬리에 꼬리를 물어 어느덧 생각은 다른 방향으로 가 있었다. 혹시 내가 뭔가 잘못한 게 있을까.

그 친구를 만났다. 내가 모든 사실을 알고 있는지 몰랐던 그녀는 평소와 같았다. 안부를 묻고, 나를 응원해 주고, 토익 교재를 추천해달라며 물었고, 평소처럼 자세하게 알려주는 내게 고마움을 전했다. 저렇게 착한 내 친구가 나에 대해서 왜 그런 말을 하고 다닌 건지 도저히 알 수 없었다. 납득하기 어려웠던 나는 참았던 질문을 던졌다. 혹여라도 그녀를 속상하게 만든 행동을 했었는지 물었다. 그럴 리가 있냐고 웃으며 장난치던 그녀는 심각한 분위기를 느낀 듯했다. 다른 애들에게서 들었던 이야기를 전하자, 그녀는 눈물을 뚝뚝 흘렸다.

　본인에 대해서 너무 많이 알고 있는 내가 언젠가부터 그냥 미웠다고 한다. 남에게는 평생 숨기고 싶은 가정사였다. 도박 중독에다가 술만 마시면 엄마와 자식을 때리는 아빠, 그런 상황으로부터 받은 스트레스를 자식에게 폭언으로 푸는 엄마, 지긋지긋한 가난. 그 모든 것을 알고 있는 내가 언제라도 다른 친구들에게 다 말해버릴 것 같았던 모양이다. 그녀의 가정사를 슬픔으로만 생각하고 있었는데, 정작 당사자는 내가 자신의 가정사를 약점으로 쥐였다고 생각했던 것이다. 이제 더는 숨길 게 없다는 듯 표정을 바꾸더니, 본인에 관한 이야기를 아무에게도 말하지 말라며 되레 화냈다. 나 때문에 자신이 불쌍한 애로 낙인찍히기 싫다며 경고하듯 말했다. 여태까지 속으로 나에 대해서 생각해 왔던 이야기를 한꺼번에 쏟아붓듯, 착한 척 가식 떨지 말라며 쏘아붙이고는 자리를 떠났다. 친구로 지냈던 시간 내내 일부러 그녀에게 부모님을 묻지 않았고, 불편할 것 같은 이야기를 꺼내지 않았던 내 모든 행동을 가식으로만 느끼고 있었던 그녀가 오히려 안타까웠다.

그때의 나는 그 친구 없이 산다는 걸 상상해 본 적이 없었다. 너무 많은 시간을 함께했기에, 가족 다음으로 소중한 존재나 다름없었다. 뒤에서 나를 험담하는 사람이어도 놓고 싶지 않았다. 그녀가 미안하다고 반성한다면, 다시 예전의 우리가 될 수 있다고 생각했다. 여섯 살부터 스물두 살까지 이어진 인연이었다. 친구라는 단어를 떠올리면 자연스레 떠오르는 사람이기에 계속 함께하고 싶었다.

지금 생각하면 바보 같지만, 내가 먼저 그녀에게 연락했다. 다 이해하고 괜찮으니까 전처럼 지내자고 말했다. 그녀는 머쓱한 듯 대충 미안하다며 얼버무렸다. 완벽히 예전으로 돌아가지는 못했지만, 친구의 자리에 그녀가 있었다. 비 온 뒤에 땅이 굳어지듯, 이 일로 인해 다시 단단한 우정이 될 것임을 의심치 않았다.

 몇 개월 후, 그녀가 여전히 고향 친구들에게 내 이야기를 하고 다닌다는 걸 알았다. 그제야 정신이 들었다. 이미 금이 가버린 관계를 억지로 이어 붙일 수는 없었다. 우정이란 이유로 그 친구를 놓지 못한 채 쥐고 있던 시간이 아둔한 욕심이라는 걸 몰랐다. 끊어야 할 인연을 끊어낼 용기를 내지 못하고 있었다. 누군가를 잃는다는 건 그 사람과 함께했던 시간까지 사라지는 것 같아서였다. 추억이란 이름으로 간직하고 있는 기억들이 퇴색된다고 하더라도 용기 내야 한다는 걸 깨달았다. 이미 끝나버린 인연을 억지로 잡고 있는 건 나만 힘들어지는 일이었다.

 오랜 친구와의 연을 끊어냈다. 내 청춘의 일부가

떨어져 나간 느낌이었다. 쓸쓸했고, 울적했고, 아쉬웠다. 시간이 지날수록 신기하도록 마음이 편안해졌고, 미움도 사라지고, 원망도 희미해졌다. 쓸쓸한 인연과 멀어진다는 건 잠깐의 고통과 남은 시간의 평온함을 치환하는 일이었다.

오래 알고 지내왔다는 이유만으로 불편함과 서러움을 감수할 필요는 없다. 지난 시간 속에서 행복했던 기억에 미안해하지 않아도 된다. 앞으로의 시간에서 더 많이 웃을 수 있는 방향으로 나아갈 용기를 가져야 한다. 인간관계에서 중요한 것은 알아 온 시간이 아니라 알아갈 시간에서의 행복이다. 당신의 행복을 방해하는 서글픈 인연으로부터 천천히 멀어져도 괜찮다. 중요한 것은 행복했던 과거가 아니라 행복해야 할 지금이라는 걸 잊지 않았으면 좋겠다. 어제에 두고 온 미련 때문에 오늘의 이 시간이 아픔으로 얼룩지지 않도록.

서로가 서로에게
진심이 닿는 그 순간에

 대기업에 다니던 친구가 퇴사했다. 극심한 스트레스로 몸 이곳저곳이 성한 곳이 없었고, 공황장애라는 마음의 병까지 얻으면서 내린 결정이었다. 그녀는 160이 조금 넘는 신장인데 40킬로 초반까지 체중이 빠져 있었다. 만날 때마다 힘들어하는 모습을 내내 봐왔던 터라, 그녀의 결정이 반가웠다.

 건강을 위해서 이직 준비는 미뤄두고, 먹을 것도 챙겨 먹으며 운동을 시작했다는 소식을 들었다. 평소에는 절대 하지도 않았던 운동을 스스로 시작할 정도라면 몸이 많이도 힘들었구나 싶었다. 그 후로 연락할 때마다 운동할수록 즐거워진다는 이야기를 자주 하곤 했다. 자기도 몰랐는데 굽어있는 어깨와 틀어져 있는 골반으로 살아가고 있었다며, 반듯하게 교정받는 이야기를 나에게 들려주었다.

운동과 거리가 먼 삶을 살아왔던 그녀가 근육이 탄탄한 건강한 몸으로 변하더니, 체형 교정을 전문으로 배우고 싶다며 공부까지 시작했다. 교육도 들으러 다니고, 시험도 보러 다니는 그녀의 모습이 오랜만에 행복해 보였다. 체형 교정전문가라는 운동강사로 취업했다고 자랑하기도 했다. 월급이 나오기 전이지만 그래도 기분이 좋아서 나를 보러 오겠다는 그녀의 소식이 무척 반가웠다. 밝은 목소리와 기뻐하는 에너지가 오랜만인 것 같아 나도 같이 웃음이 번졌다.

그녀는 지금 산후운동 전문가가 되어, 출산 전후의 산모들을 위해 일하는 중이다. 벌써 연차도 쌓이고, 경력도 많아져 제법 전문가다운 모습이 보인다. 그때 퇴사를 결정하지 않았더라면 지금의 그녀는 없었을 것이다. 퇴사하던 당시 주변 사람들은 그녀에게 많이도 간섭했던 모양이었다. 공무원 시험을 봐라. 같은 직군 다른 회사로 이직해라. 오래 쉬면 안 된다. 여러 간섭 안에서도 단단히 자신의 길을 찾은 그녀가 자랑스러웠다.

그녀는 나에게 그때 왜 아무런 간섭을 하지 않았느냐고 물어봤다. 내 대답은 간결했다.

"너잖아. 알아서 잘할 사람인데 내가 말할 필요가 없지."

언제나 자신의 목표를 향해 우직하게 걸어가는 그녀를 봐왔었다. 섣불리 행동하지 않는 사람이 결정한 대에는 다 이유가 있을 게 분명했다. 친구인 내가 해줄 수 있는 일은 그녀의 결정을 응원하고 믿어주는 게 전부였다. 잘될 거라는 호들갑도 넣어두고,

미리 걱정거리를 쥐여주지도 않았다. 그녀만의 속도로 본인이 원하는 일을 꼭 해낼 순간을 기다리고만 있었다.

그녀 역시 갑자기 작가가 되겠다고 선언한 내가 걱정됐을 것이다. 말하진 않았어도 혼자서 내 걱정을 했다는 걸 알고 있다. 작가 준비를 한다고 하자 그때 내 자취방으로 여러 종류의 라면들이 가득 들어있는 큰 박스 하나와 참치와 통조림 햄이 가득 들어있는 박스가 도착했다. 당장 수입이 없을 나를 위해 그녀가 보내준 것이었다. 그게 그녀만의 표현법이었다. 만날 때에도 캐묻지 않았다. 출간 계약은 잘 된 건지, 원고는 잘 쓰고 있는 것인지 묻지 않고, 집에 반찬은 있냐고 물어봐 줬다. 좋은 날이 올 거라는 위로 같은 건 없었다. 그녀가 늘 하던 말이 있었다.

"인생은 결국 풀려. 꽉 막힌 도로에서만 사는 법은 없어."

정체된 도로 위에 덩그러니 서 있는 것 같은 느낌을 받았던 나에게 저 말이 참 큰 힘이 되었다. 결국은 이 정체도 풀릴 테고 언젠가 나도 시원하게 달릴 수 있다는 희망이, 버거웠던 시간을 버티게 만들어 줬다. 각자 자기만의 정체기를 버틴 우리는 지금 적당한 속도로 걸어갈 수 있게 되었다. 아직도 만나면 십 대 소녀들처럼 소소한 걸로 한참을 웃고, 별것 아닌 걸로 심각하게 떠들다 돌아온다. 그저 그녀를 보고 온 것만으로도 다시 살아갈 에너지를 받고 돌아온다. 아마 이런 모양으로 우리는 함께 나이 들어갈 것 같다.

오랜 우정을 지키는 것에는 기다림이 필요하다. 미래가 걱정된다는 이유로 서로에게 아픔이 될 말은 넣어둘 줄 알고. 생각해 준다는 이유로 차라리 이렇게 하지 그랬어 하고 간섭하지 않는다. 어차피 잘 해낼 거라는 믿음으로 가만히 응원하며 기다린다. 그러다 보면 정말로 자신의 꿈을 이뤄낸 친구를 볼 수 있다. 그때 온 마음으로 축하해주면 된다.

좋은 친구가 무엇일지 생각하면 그녀를 떠올린다. 언제나 옆에서 묵묵하게 오래 바라봐 주는 것. 그리고 언제라도 돌아가 잠시 쉬고 싶을 때 함께 시간을 내어주는 것. 그렇게 각자의 자리에서 다정한 마음으로 오래 함께 나이 들어가고 싶다.

오랜 우정을 지키는 것에는
        기다림이 필요하다.

추억과 기억이 가진 다른 힘

 습관을 하나 고백하자면, 타인과 소소한 문제를 결정해야 할 때 그 결정권을 상대에 넘기려 한다는 것이다. 처세술이라 말하기에는 조금 안쓰러운 모양새지만, 생각보다 많은 사람이 남 탓하는 걸 겪으면서 생겨난 습관이다. 좋은 결과에는 기꺼이 자신의 덕이라 말하지만, 나쁜 결과에 대해서는 기어이 누군가의 탓으로 돌리는 걸 너무 많이 봐왔다. 더는 별것 아닌 일로 남에게 탓을 듣고 싶지 않았다. 중요한 문제가 아닌 것이라면, 웬만한 것은 상대에게 결정권을 넘긴다.

속담에 '잘되면 제 탓 못되면 조상 탓'이라는 말이 있을 정도로, 어쩌면 남 탓을 하는 건 인간의 오랜 습성일지도 모른다. 탓을 해서라도 지금 힘든 상황에서 이겨내 보려는 의지를 얻는 것인지, 아니면 남을 탓해야 직성이 풀리는 것인지는 모르겠다. 어떤 이유라 하더라도 남 탓만큼 주변 사람들을 불편하게 하는 행동은 없다.

전에 연락하던 친구가 있었다. 쾌활하고, 다정한 성격에 오랜 시간 친한 친구였다. 단 한 가지 단점이 있다면, 바로 탓을 잘한다는 것이었다. 성인이 되고, 고향에서 그 친구를 만나는 날이었다. 어릴 적에 둘이 자주 갔었던 카페에 가자고 약속하고서 만났다. 카페에 도착했지만, 내부 인테리어 공사 중이라서 들어갈 수가 없었다. 아쉬운 마음에 발길을 돌리고, 다음을 기약하면 됐을 텐데 그녀는 달랐다. 나 때문에 괜히 이 카페에 와서, 시간만 날렸다며 다음 장소로 가는 내내 툴툴거렸다. 그 카페를 가고 싶다고 말한 것도 그녀였고, 그곳에 가자고 같이 결정했다는 사실마저도 까마득히 잊어버린 것 같았다.

그런 식의 일들이 몇 번 더 있고 난 이후로, 그녀와 대화하는 게 어려웠다. 그녀가 취업에 대해서 이야기할 때도, 이직을 고민할 때도 딱히 내 생각을 말하지 않았다. 나중에 또 내 탓을 할 것만 같았다. 그렇게 나는 그녀에게서 멀어졌다. 어린 시절이야 공사 중이었던 카페, 맛이 별로였던 음식점 같은 사소한 걸로 내 탓을 하고 넘어갔겠지만, 성인이 된 이후의 주제에 대해서는 그녀와 좀처럼 대화할 수 없었다. 잘 풀리지만은 않는 게 인생인데, 괜히 취업이나 이직, 결혼에 관해 무슨 말을 했다가 모든 실패의 화살이 나에게 향할까 봐 무서웠다.

그 친구가 유난스럽다고만 생각했는데, 막상 사회에 나와보니 그녀를 닮은 사람들이 많았다. 대수롭지 않게 '누구 때문에'라는 말을 쓰는 사람을 종종 만났다. SNS에 자주 올라와서 가보고 싶었던 식당이 있었다. 만나기로 한 친구에게 그 가게를 같이 가도 괜찮냐고 묻자, 친구도 그곳을 마침 가보고 싶던 참이었다며 좋다고 답했다. 막상 와보니 음식은 생각보다 평이했다. 기대가 컸던 탓인지 조금 아쉬웠지만, 그래도 한 끼 식사를 먹기에는 충분한 곳이었다. 음식값을 계산하고 나가려는데 친구가 말했다.

"아, 여기 오지 말 걸. 네가 안 와봤다고 해서 온 건데 괜히 왔다. 너 아니었으면 내가 아는 맛집 갔을 텐데."

분명 본인도 가고 싶었다며 좋아했던 사람이었는데, 마치 나 때문에 일부러 온 것처럼 말했다. 그녀의 저녁을 망친 사람이 된 것 같았던 나는 미안하다고 사과했다.

동창이었던 친구는 내게 자기 취업 면접 대비를 도와달라고 그랬다. 내 전공과 완전히 다른 직군의 면접이라서 내가 도와줄 수 있는 것은 크게 없었다. 단지 면접관 역할을 하면서 예상 질문들을 하고, 친구는 실제 면접처럼 대답하는 형식으로 진행했다. 유감스럽게 친구는 면접에서 탈락했다. 불합격 소식을 알려주면서 이렇게 말했다.

"잘 좀 봐주지 그랬어. 너 말 잘하잖아. 그래서 일부러 부탁한 건데 하나도 도움 안 됐어. 네가 나 잘 알려줬으면 떨어졌겠어?"

시간을 써서 일부러 도와줬던 것인데, 고맙다는 말은 없었다. 자신이 취업 면접에서 떨어진 탓이 마치 내 탓인 것처럼 말하는 그녀의 말을 듣고 너무 어이없어서 아무 말도 하지 못했다.

탓하기를 좋아하는 사람들을 자주 보게 되자, 어떤 의견도 내고 싶지 않아졌다. 아무리 좋아 보이는 사람이라도, 막상 본인이 조금이라도 속상하거나 마음에 들지 않으면 내 탓을 할지도 모른다는 불안감 때문이었다. 점점 결정에 대해서 무심해졌다. 밥 한 끼 먹는 것, 커피 한 잔 마시는 것, 일상의 소소한 고민들 같은 것, 내 삶에 직접적인 영향을 끼치는 문제가 아닌 것들에 대해서는 의견을 잘 말하지 않게 됐다. 겉모습만 보고서 저 사람은 어떤 사람인지 알 수도 없고, 설령 남 탓이 버릇인 사람인 걸 알았더라도 같이 지내야만 하는 경우도 있어서 방어적으로 변할 수밖에 없었다. 탓하길 좋아하는 사람들을 피해서 살 수는 없으니, 그런 이들과 마찰을 줄이고 싶어서 선택한 방법이 습관이 된 것이다.

대수롭지 않게 넘어가도 괜찮은 사소한 걸 가지고 기어이 문제로 만들고, 그 문제의 화살을 남으로 돌리는 이들로부터 다치지 않으려면 미리 방어하는 게 좋은 방법이다. 모든 문제마다 일일이 남의 잘못으로 탓하느라 정작 본인의 중요한 문제를 보지도 못하고 살아갈 이들이다. 그런 사람에게 언성을 높이면서 감정을 상할 필요도 없고, 구구절절 설명할 필요도 없다. 인생에서 그다지 중요하지 않은 것들까지 일일이 신경 쓰면서 살기에는 해야 할 일들이 많다.

살면서 어떤 문제를 마주했을 때 굳이 어떤 탓으로 돌리는 건 피곤한 일이다. 내 탓을 해서 자책으로 마음을 움츠러들게 만들어서도 안 되고, 남 탓을 해서 타인을 내 인생에 끌어들일 필요도 없다. 좋은 일이 있어도 내 덕이고, 나쁜 일이 있어도 내 탓이라고 살아가는 게 편안한 마음가짐이다. 직접 선택한 결과들이라면 그것이 좋든 나쁘든 모두 내 삶의 일부가 된다는 걸 잊지 않았으면 좋겠다. 좋은 일은 언젠가 꺼내볼 미소 지을 추억으로, 나쁜 일은 다가올 날들을 의연하게 이겨낼 수 있는 기억으로 남아 있을 테니까.

좋은 일은 언젠가 꺼내볼 미소 지을 추억으로,

나쁜 일은 다가올 날들을 의연하게
이겨낼 수 있는 기억으로.

모든 관계에는
적당한 거리가 필요해

  인간관계에서는 서로에게 적당한 거리가 필수적이다. 이왕이면 부딪히지 않고, 그렇다고 너무 멀지는 않은 적당한 거리를 유지하며 살아가려 노력하는 중이다. '적당하다'라는 형용사가 너무나 모호하게 느껴졌던 적이 있었지만, 지금은 여러 가지 내 나름의 적당함을 지키고 있다.

  일하면서 만난 동료와는 먼발치에서 안부를 물을 수 있을 정도의 조금은 먼 거리를 두고 지낸다. 사적인 부분을 묻지도 않고, 말하지도 않으며, 오직 오늘 하루도 무사하고 안녕하게 잘 보낼 수 있도록 응원하는 관계이다. 좋은 일이 있어도, 안 좋은 일이 있어도 두루뭉술하게 넘어간다. 그냥 '오늘따라 기분이 좀 좋아서요.' 또는 '오늘은 몸이 좀 안 좋네요.'라고 넘기곤 한다. 주로 하는 이야기는 뉴스에서 화제 되는 이슈나 날씨 이야기가 대부분이다. 서로가 사적인 부분은 궁금해하지 않는다. 좋은 결과가 도출되어야 한다는 공통의 목적의식이 있는 관계이기 때문에, 나의 사담과 사념이 일에 방해가 되지 않도록 함께 배려한다. 어느 정도 멀찍이 떨어진 거리 덕분에 불편함을 피해서 지낼 수 있었다.

친구들과는 몇 발자국만 걸어가면 언제든 의지할 수 있는 거리를 두고 지낸다. 누구라도 힘든 일이 있으면 바로 곁으로 다가가 어깨를 두드려주고, 기쁜 일이 있으면 와락 끌어안아 주며 같이 행복을 느낀다. 사소한 고민을 숨기지 않아도 되고, 생각을 말하는데 눈치를 보지 않아도 되는 편안한 이들과는 늘 가까이에서 지낸다. 옆을 돌아보면 든든한 내 편이 있다는 걸 볼 수 있는 가까운 거리에 친구가 있다는 건 치열하게 살아가는 과정이 외롭지만은 않게 만들어 주었다.

처음부터 관계에 맞는 적당한 거리를 바로 찾을 수 있었던 것은 아니었다. 적당함의 정도를 느끼기까지 많은 시행착오를 겪어야 했었다. 지난날에는 모든 관계의 선을 다른 사람이 정하는 대로 따랐었다. 이렇게까지 가까운 사이는 아니다 싶어서, 선을 넘는 상대가 불편했지만 참았다. 내가 너무 선을 멀리 그었나보다고 생각하면서 나와 더 가까운 곳에 선을 다시 그렸다. 그러자 차츰차츰 불편한 일들이 많아졌다. 굳이 묻지 않아도 될 개인적인 일들을 나에게 물어보기도 했고, 친구가 아닌 데도 너무 많은 것을 나에게 요구하기도 했고, 내 호의에 대해서 더 이상 고마워하지 않기도 했다. 심지어 어떤 사람은 오래된 친구도 하기 힘들다는 부탁인 돈을 빌려 달라는 요구를 했다.

 아직 그렇게까지 친한 사이가 아닌데 너무 가까워진 사람이 불편했다. 아무리 친하다 하더라도 지켜야 할 선이 있는 법인데, 그조차도 무시하고 행동하는 사람 때문에 껄끄러웠다. 속상한 마음이 컸지만,

무조건 상대의 잘못이라고만 할 수 없었다. 적당한 거리를 띄어두지 않은 나의 책임도 어느 정도 있었다. 가까운 자리를 차지하려고 하는 사람을 막지 않았기 때문에 생긴 일이었다.

어색하고 힘들어도 달라져야 했다. 단짝 친구라 해도 허용하기 힘든 무례한 행동과 말들을 친하다는 핑계로 서슴없이 하는 사람들과 멀어짐이 필요한 때였다. 너무 가까이 오려고 하는 사람으로부터는 멀어지려고 노력했다. 관계에서 그어놓은 선을 넘으려 하는 사람에게는 정중하게 선의 범위를 말했다. 전에는 관계의 적당한 선을 그을 때 상대의 뜻에만 따랐다면, 이제는 내 마음이 편안한 지점을 정하고 선을 그었다. 나의 인간관계에서 중요한 것은 남의 뜻이 아니라 나라는 사실을 다시금 인지했다. 관계의 적당함을 판단하는 기준을 스스로 결정하기 시작했더니 훨씬 편안해졌다.

서먹하게 지내도 괜찮을 사이, 남이나 다름없는

사이, 불편하지 않을 정도로만 친절한 사이, 어느 정도 부탁을 주고받는 협력적인 사이. 미묘하고 다양한 여러 관계를 세심하게 나눠서 생각했다. 무조건 '친한 사이'라는 범주 안에 함부로 넣지 않았다. 그저 우정으로 뭉쳐진 관계인지, 업무상의 이유로 함께하는 사람인지, 일 때문에 만났어도 마음이 잘 통하는 사람인지 여러 방면을 따져봤다. 복잡해 보이지만 간단한 일이었다. 결국 이 사람의 결과 나의 결이 얼마나 잘 맞는지의 문제였다. 조금 멀리 위치해야 할 사람과 가까이 위치했으면 싶은 사람들을 정하고 나자, 다음부터는 사람을 대하는 데 있어서 고민하지 않게 됐다.

인간관계에서의 적당한 거리를 정확히 가늠하기란 어려운 일이다. 분명 나에게는 적당하다고 판단되는 것이 누군가에게는 도가 지나친 것일 수도 있고, 또 어떤 누군가에는 너무 부족하기도 한 경우가 있다. 상대가 불편하다고 하면 몇 발자국 뒤로 물러날 줄 알고, 더 가까워져도 괜찮을 것 같은 관계에서는 몇 발자국 앞으로 다가가면 된다. 왔다 갔다 움직이다 보면 서로에게 맞는 거리가 맞춰질 것이다.

　인간관계 안에서 사람과의 거리를 좁히기도 하고 늘리기도 한다. 점점 가까워지는 거리를 두려워하지 않고, 차츰 멀어지는 거리를 슬퍼하지만은 않는다. 인간관계에서 적당한 거리는 사람이 만들어내는 마음의 간극을 인정하는 과정에서 저절로 만들어지는 것일지 모른다. 가까워짐과 멀어짐에 연연하지 말고 지금 마음이 편안한 그만큼의 사이를 두고 함께하고 있다면 충분하다. 가장 최고의 적당함은 바로 자신의 마음만이 알고 있을 테니까.

"모든 관계에는 적당한 거리가 필요해."

조금 무거운 관계

 조금은 무거운 게 좋다. 쉽게 친해지고 가벼운 대화들만 넘실대는 관계보다, 천천히 알아가면서 깊은 생각을 나눠가질 수 있는 관계를 바란다. 잘 가꿔진 멀끔한 모습만 보여주는 관계 말고, 마음 편히 흐트러진 모습을 보여줘도 편안한 관계를 꿈꾼다. 금세 무너질지 모르는 모래성 같은 인연 말고, 오래오래 함께할 수 있는 뿌리 깊은 단단한 인연을 기다린다. 마음의 연결고리가 단단하고 무거워서 쉽게 흔들리지 않을 그런 사이를 꿈꿔본다.

무례함으로 가득 찬
사람을 마주했다면

　후배의 집에 놀러 간 날이었다. 오랜만에 만났으니 그녀의 집에서 하루 자고 오려고 파자마를 챙겨 갔었다. 늦은 저녁 시간, 후배가 준비해 둔 음식을 먹으려고 하는데 위층에서 쿵쾅거리는 소리가 크게 들렸다. 그녀는 대수롭지 않게 윗집이 원래 좀 시끄럽다며 말했다. 저러다 말겠지 싶었는데, 시끄러움이 새벽까지 이어졌다. 침대에 누워도 위층에서 들리는 소음 때문에 잠들 수 없을 정도였다. 여러 사람들과 함께 바닥에서 할리갈리 같은 보드게임을 하는 것 같았다. 심지어 과음을 한 것인지 조절되지 않은 고함과 종소리가 반복해서 들려왔다.

후배는 윗집이 저런 사람들인 줄 알면 이사 안 왔을 거라며 한숨 쉬었다. 일주일에 한두 번꼴로 사람들을 불러 저렇게 시끄럽게 논다고 했다. 새벽 세 시가 훌쩍 넘은 시간의 고성방가 소리는 잠을 깨우기엔 충분했다. 후배는 나에게 이어플러그를 주며 귀에 꽂고 자라고 했지만, 낯설고 불쾌한 소음에 거의 잠을 잘 수가 없었다.

 다음날, 그녀는 자신이 층간 소음을 해결해 보려고 노력했던 것들을 말해줬다. 웬만한 방법은 거의 다 해봤다며 하소연했다. 편지도 써보고, 선물도 줘봤지만 아무런 소용이 없었다. 경비실을 통해 연락을 취해도 위층은 어떤 연락도 받지 못한 사람처럼 한결같았다. 그러다 한번은 직접 찾아가 부탁하게 됐다. 낮은 상관없지만, 늦은 밤부터 새벽까지 소리 지르며 노는 것을 자제해달라 부탁했더니 위층에서 돌아온 대답은 이랬다고 한다.

 "저희도 위층 때문에 시끄러워 죽겠어요. 저랑 남

편은 3교대 공장에 다녀서 낮에 자야 하는데 위층 애기들 때문에 못 자요."

후배는 위층 사람의 대답에 잠시 멍해졌다. 갑자기 왜 본인의 위층 이야기를 하는 걸까 싶었다. 후배가 뭐라 대답하지 못하고 머뭇거리자 위층 주민이 말을 이어갔다.

"그러니까 그쪽도 좀 참아요. 공공주택 예절도 몰라요? 적당히 참으며 사는 거예요."

위층 주민이 알고 있는 공공주택 예절에는 어떤 내용인지 모르겠지만, 졸지에 공공주택 예절도 모르는 사람이 된 후배는 꿀 먹은 벙어리가 되어서 집으로 돌아올 수밖에 없었다. 나도 힘드니 상대도 힘들어야 한다고 생각하거나 아니면 자신이 당한 걸 남도 당해야 한다는 소리인지는 모르겠지만 황당한 논리라는 건 분명했다. 그렇게 직접 찾아가서 말 한 이후로 위층의 행동은 더 심해졌다. 보란 듯이 더

쿵쿵거리고, 시끄럽게 의자를 빼고, 동틀 때까지 소란스럽게 놀면서 그녀를 괴롭혔다. 싸우고 싶었지만, 꾹 참았다. 어떤 말도 통하지 않는 사람에게는 어떤 논리적인 말도 통하지 않는다는 걸 느꼈기 때문이었다.

그 후로 그녀는 위층에 아무 말도 하지 않았다. 다른 집으로 이사 가는 것 말고는 달리 해결책이 없는 상황이었다. 무례한 사람이 이상한 논리까지 갖게 되면 완벽하게 몰상식한 사람으로 완성된다는 걸 알고 있었다. 그런 사람들을 바꾸게 할 수 있는 건 아무것도 없었다. 자신이 무엇을 해도 위층 사람들은 변하지 않을 거라는 걸 인지했기에, 잠들기 전에 이어플러그를 꽂는 걸로 임시 해결 방안을 마련할 뿐이었다.

다행스럽게도 그녀는 얼마 전에 다른 곳으로 이사했다. 이사하고 몇 주간 잠을 푹 잘 수 있게 되자, 그동안 달고 살았던 두통이 씻은 듯이 나았다며 행복해했다. 새로운 집의 이웃 주민들은 다들 좋은 사람들만 있는 것처럼 보였다. 위층에는 부부와 유치원생 남자 쌍둥이들이 살고 있는데, 저녁 6시 이후로는 아무런 소리가 들리지 않을 정도라고 한다. 가끔 뛰어다니는 발소리가 들리다가도 금세 멈추는 걸 보면, 엄마 아빠에게 주의를 받고 재빨리 멈추는 것 같다고 했다. 꼬마 아이들이 귀엽기도 하고 기특하기도 해서 과자 같은 작은 선물을 주면, 혹시라도 시끄러울까 봐 미안하다며 언제든 편히 연락 달라는 연락처가 적힌 쪽지가 담긴 과일을 받는다. 후배는 더 이상 귀를 막지 않고 잠을 잘 수 있게 됐다.

그녀는 전에 살던 아파트의 위층 사람들에게 드라마 같은 참교육을 하지도 못했고, 사이다 같은 통쾌한 결말을 가져올 수도 없었다. 대신에 한 가지를 배웠다고 했다. 세상에는 부딪히지 않고 피해야 하는 사람도 있다는 사실이다. 타협하지 못하는 사람이 있다. 본인만이 맞다며 목소리를 높이고, 자기만 힘들다고 주장하는 사람에게는 구태여 맞서 피곤해질 필요는 없다. 피할 것은 피하고, 무시할 것은 무시하며 살아가는 게 더 편할지 모른다.

후배는 시끄러웠던 위층 사람들에게 그들의 사고가 잘못되었음을 정정해 주지 않고, 설득하지 않았으니, 평생 그렇게 무지한 상태로 살아가라고 그대로 둔 것이 자기 나름의 복수라고 했다. 분명 잘못된 행동을 반복할 것이고, 잘못하고 있다는 것도 망각할 정도로 더 무지한 사람이 되고 말 것이다. 층간소음의 문제를 넘어서서 다른 것에서도 비슷한 결의 행동을 하게 될 텐데, 결국 다치게 되는 건 그들 자신일 수밖에 없다.

유난스러울 정도로 이상한 사람을 마주하면 그대로 둬도 괜찮다. 잘못된 것을 알려주려 하고, 감정 상해가며 고쳐주려는 노력은 덧없을 뿐이다. 귀를 막고 살아가는 사람에게 하지 않아도 될 수고스러움을 쓰는 건 비효율적인 일이다. 살아온 방식이 틀렸음을 스스로 느낄 수 있도록 방관하는 게 효율적인 방법일지 모른다. 조심할 것을 조심하고, 고칠 것은 함께 고치면서 살아가는, 당연한 질서를 무시하는 이들에게 굳이 시간과 노력을 쓸 필요는 없다. 본인의 방식대로 살아가다가 직접 다쳐봐야만 깨닫는 사람도 있는 법이다. 무례함으로 가득 찬 사람을 마주했다면 부딪히지 않게 몸을 피하면서 지나가길 바란다. 이상한 방향으로 고집스럽게 달려가다 크게 넘어져, 자기 잘못을 본인이 깨달을 수 있게.

인간관계에서 중요한 것은

 마음과 맞지 않은 사람, 이상과 동떨어진 현실, 의지대로 흐려지지 않는 과거, 바람과는 다를지 모르는 미래까지. 어느 것 하나도 쉬운 일은 없다. 그래도 사람을 만나 인연을 맺고, 도망가지 않고 현실에 발 딛고 서서 부지런히 살아낸다. 어쩌면 사람으로 인해 나중에 눈물 흘릴지 몰라도 기꺼이 사람 사이로 들어간다.

 친구를 만들기도 하고, 애인을 만들기도 하고, 누군가 함께할 사람을 만든다. 삶은 결국 혼자서 살아가는 것이라고도 하지만, 누군가와 함께하려는 건 혼자일 때보다 더 잘 살아가기 위함이다. 사람에게 필요한 요소들 중에는 관계 안에서 만들어내는 다양한 감정이 있다. 마음과 마음 사이가 이어져야 전달되는 수없이 많은 감정의 너울들이 삶을 보다 더 성숙하게 만들어준다.

아무런 마음의 교류도 없이 그저 먹고, 자고, 일만 하는 삶은 지독히도 외로운 법이다. 때로는 웃고, 가끔은 울기도 하면서 자신의 감정에 솔직해지고, 타인의 감정을 이해하는 법을 익히면서 진짜 '나다움'에 대해 깨닫게 된다.

인간관계에서 중요한 것은 상대가 어떤 사람인지를 잘 파악하는 기술이 아니다. 먼저 '나'라는 사람이 누구인지를 잘 알아야 한다. 어떤 감정을 느낄 줄 알고, 어떻게 표현하는 사람인지를 안다면 한결 수월해진다. 관계 안에서 걸림돌이 되는 건 결국 감정의 문제이다. 자신의 감정인데도 불구하고 서운함을 분노로 착각하기도 하고, 슬픔을 원망으로 오해하기도 한다.

한 가족이 있었다. 아빠는 회사에 헌신한 직장인이었고, 엄마는 가족들을 뒷바라지한 주부였고, 아들은 취업을 준비하는 졸업생이었다. 번번이 취업의 관문에서 떨어지는 아들의 모습을 보고서, 아빠가 짜증스럽게 말했다.

"노력을 좀 더 해봐. 다른 애들 보면 잘만 취업하더라."

아들은 아버지의 말이 유난히 따가워 입을 닫고서 화가 난 내색을 숨기지 않는다. 그런 부자의 모습을 본 엄마는 갱년기라는 이유를 대며 덧없는 짜증을 낸다.

막상 안을 들여다보면, 아빠는 아들의 모습이 짜증 난다거나 한심해 보였던 것이 아니었다. 저렇게나 열심히 노력하는데 취업이 되지 않아 의기소침한 모습이 속상했을 뿐이었다. 아들에 대한 걱정스러운 마음과 안타까운 감정을 짜증으로 착각한 것이다.

아빠의 껄끄러운 말을 들은 아들은 마음이 따끔했다. 저렇게 말하는 아빠에게 서운하기도 하고, 이런 모습을 보여야 하는 게 죄송하기도 했다. 하지만 그 모든 감정을 알지 못한 채 그저 화가 났다고만 생각했다.

남편과 아들의 날 선 풍경을 봐야했던 엄마는 속상했다. 남편이 어떤 심정으로 한 말인지 알 것 같아서 이해는 되지만, 왜 저렇게밖에 표현할 수 없었는지 아쉬웠다. 아빠가 나쁜 뜻으로 한 말이 아니라는 걸 알만한 아들일 텐데도 골난 표정을 숨기지 않는 게 답답했다. 그 모든 감정들을 그저 짜증이라는 감정에 욱여넣고 만다.

자기 안에서 만들어진 감정인데도, 우리는 종종 그것을 헷갈려 한다. 세심하게 느껴보려고 하지 않고 그저 단순하게 결론짓는다. 화난다, 짜증 난다,

웃기다, 기쁘다, 슬프다 같은 넓은 범위의 감정만 집어 들어서 본인 감정의 이름표에 달아놓는다. 자세히 살펴본다면 전혀 다른 감정들일 텐데도, 굳이 알아보려고 하지 않는다.

'나'의 감정은 얼마나 다양한지, 그것들을 어떻게 느끼는지, 느낀 감정들을 어떻게 표현하는지 누구보다 본인이 가장 잘 알고 있어야 한다. 그래야만 인간관계에서 생겨나는 돌발 상황 속에서도 모나지 않고 원만하게 넘어갈 힘을 얻게 된다.

아무리 절친한 사이라 하더라도 마음과 마음 사이에 유격이 생기고, 소울메이트 같은 사람을 만났다 하더라도 좁혀지지 않는 간극은 존재한다. 여러 가지 방면에서 본인과 다른 생각을 하고, 다른 결정을 하는 사람의 모습에 다양한 감정을 느낄 것이다. 밝은 감정부터 어두운 감정까지, 다양한 모양의 감정들을 겪어가는 과정 동안에 비로소 자신의 진짜 모습을 발견하게 된다.

인간관계 속에서의 '나'라는 존재의 여러 모습을 경험하게 되면, 훌쩍 커져 있는 본인을 발견하게 된다. 누군가와 함께하면서 느낀 모든 감정들이 '나'라는 존재의 삶을 보다 더 현명하고 수월하게 살아가게 해준다.

온전함은 완전함과는 다르다. 부족하고, 모자란 본디 그대로의 모습까지 인정하는 것이 바로 온전함이다. 인간관계 안에서 수없이 많은 감정을 느끼고, 때론 울고, 때론 웃으며 보내온 시간이 우리를 어딘가의 목적지로 귀결하게 만들 것이다. 온전한 자신의 모습으로.

먼저 '나'라는 사람이 누구인지를 잘 알아야 한다.
어떤 감정을 느낄 줄 알고,
어떻게 표현하는 사람인지를 안다면 한결 수월해진다.

그때,
 그 다정함은 진심이었을까.

 한창 삶에서 헤매고 있을 때 유난히 다정했던 지인이 있었다. '이렇게까지 나를 챙겨준다고?'라는 생각이 들 만큼 다정했다. 수시로 연락하며, 위로를 건네고, 각별할 정도로 신경을 써줬다. 그게 참 고마웠다. 나중에 잘되면 나도 그녀에게 받은 마음들을 꼭 돌려줘야지 다짐했다. 정말 운이 좋게도 출간한 책의 반응이 좋았고, 그녀에게 좋은 식사 한 끼를 대접할 수 있게 됐다. 바닥에서 헤매고 있을 때 안타까워 해주고 위로해 줬던 그녀의 마음을 보답하고 싶어서 연락했다. 내 슬픔과 불행을 안타까워해

줬던 사람이기에, 내 기쁨과 행복 역시 누구보다 기뻐해 줄 그녀라고 믿었다. 핸드폰 너머의 쌀쌀맞은 그녀의 목소리를 듣고서 내 추측이 잘못된 것임을 느꼈다.

"오 좋겠네. 근데 요즘 출판시장 작아져서 베스트셀러 돼도 금방 밀려나지 않나? 요즘 에세이 너무 많이 나와서 나는 별로더라."

생각과는 너무나 다른 대답에 순간적으로 머리가 굳는 것 같았다. 그렇게나 다정했던 언니가 왜 갑자기 저렇게 말하는 건지 낯설게 느껴졌다. 기분이 안 좋은 일이 있었나 싶어서 애써 그녀의 말을 모른 척 넘어갔다. 언니가 좋아하는 식당에서 만나자는 약속만 잡고, 찜찜한 기분을 누르며 전화를 끊었다.

식당에서 만난 그녀는 달라진 모습이었다. 선물한 책을 보고 디자인이 아쉽다며 비판하고, 글이 많아서 읽기 싫어진다며 책을 그대로 가방에 넣었다. 밥 먹는 내내 축하가 아닌, 비아냥을 들었다.

"나는 솔직히 네가 잘될 줄 몰랐어. 나도 그냥 이 참에 글이나 써서 작가나 될까? 베스트셀러 아무나 다 되는 건가 보네."

그날 집으로 돌아오는 길 내내 마음이 참 슬펐다. 나를 무시하는 말을 들어서도 아니고, 내 직업을 비하하는 말 때문도 아니었다. 다른 사람들은 저런 말을 할지 몰라도, 그녀만은 절대 그럴 사람이 아니라 생각했던 믿음이 부서졌기 때문이었다. 나의 좋은 소식이 그녀에게는 좋은 소식이 될 수 없다는 사실이 속상했다.

나의 불행을 공감해 줬던 건 무엇 때문이었던 건지 의문이 들었다. 위로를 해주는 본인의 모습을 좋아했던 것일까. 아니면 자꾸 넘어지는 초라한 내 모습을 보며 '그래, 저런 애도 저렇게 사는데, 나 정도는 꽤 괜찮아.'라며 우월감이 섞인 위안을 얻었던 걸까. 어떤 이유라 해도, 다정했던 인연이 더는 내게 가까운 존재가 될 수 없어졌다는 사실은 분명했다. 실패하고 힘들어하는 모습의 나만 좋아하는 사람과 남은 인생을 함께할 수는 없었다. 그렇게 그녀와 점차 멀어졌다. 그녀는 계속해서 베스트셀러 자리에 있는 내 책의 소식을 찾아보는 듯했고, 스테디셀러가 되자 굳이 나에게 연락해서는 사람들이 아무 책이나 읽나 보다며 마지막까지 모난 말만 던져냈다.

사실, 아직도 그녀의 심리는 알 수가 없다. 그녀의 내면에서는 내가 늘 인생이 잘 풀리지 않아야 마음이 편안했던 것일까. 언제나 퍽퍽한 인생을 살아가지만 착한 동생이 그녀가 바랐던 내 모습이었던 것 같다. 책이 잘 되고, 자리를 잡는 기간 내내 단 한 번도 축하한다고 말하지 않은 그녀가 지금도 가끔 생각난다. 진심으로 나의 아픔을 위로해 줬었던 것 같은데, 왜 기쁨은 무시하려고만 했는지 싶어서 씁쓸할 뿐이다.

한때 나의 응원이었던 사람과 멀어졌다. 그게 내 슬픔이었다. 힘든 시절을 떠올리며 감사했던 인연들을 떠올릴 때, 지금도 가슴에 남아 있는 고마움을 미처 다 말하지 못한 채 뒤돌아 걸어왔다. 살아갈 시간 속에서 굳이 내 마음을 더 헝클어뜨리고 싶지가 않아서, 내게 건네줬던 다정함은 진심이었다고 믿고 싶다.

 그녀의 마음 어딘가에 있는 결핍을 누군가의 부족한 점을 보며 메꾸며 살아가는 사람일지도 모르겠다. 어느 날의 내 실패가 그녀의 마음 한구석의 결핍을 어루만져줬던 도구가 되었다면 그걸로 되었다. 좋은 인연이 있다면 씁쓸한 인연도 있는 법임을 이제는 안다.

 그렇게 멀어진 그녀 덕분에 나는 괜찮은 사람이 되려 노력하고 있다. 누군가의 안 좋은 일에도 같이 눈물 흘려줄 줄 알지만, 좋은 일에도 같이 기뻐할 줄 아는 사람이 되고 싶어서 노력하는 중이다. 주변 사람들이 이왕이면 자주 행복하고, 좋은 일이 부지런히 찾아오길 바라며 지낸다. 누군가의 어떤 연락이라도 늘 온 마음을 다해 그 감정을 함께하려 한다. 기쁨을 나눈다고 배가 되지도 않고, 슬픔을 나눈다고 반이 되지도 않지만, 그 감정을 함께 나눌 수 있을 만큼 온전한 내 편이 있다는 사실이 살아가는 일에 꽤 힘이 될 테니까.

서로를 조심히 여기는
다정한 마음

 사람들과 잘 지낸다는 게 친하게 지내야 한다는 뜻이라 착각했었다. 불편함, 무례함, 날카로움도 다 삼켜내고 그저 즐거워 보이는 미소로만 지내는 게 잘 지내는 것이라 여겼다. '괜찮아요'라는 말을 달고 살면서 싫은 소리 하지 않으려 했다. 좋은 관계를 위한 필수적인 요소는 인고라고 생각했던 탓이었다.

 다 사는 게 힘들고 피곤한 일일 텐데, 나까지 그들에게 피곤함을 추가로 얹혀주고 싶지 않았다. 이왕이면 둥글둥글하게, 맞춰줄 수 있는 것은 맞춰주면서, 좋은 게 좋은 것이라 생각하며 지냈다. 나에게도 한계가 온 것이었을까. 어느 날 문득, 하나도 괜찮지 않은 마음을 그제야 발견할 수 있었다. 입은 '괜찮아요'라는 말을 마치 오디오 켜놓듯이 남발하고 있었지만 정작 나는 괜찮지 못했던 것이다.

작은 것들이 쌓이고 쌓여서 커다란 줄기가 되듯, 사소한 불편함과 무례함, 날카로운 말들이 차곡차곡 쌓여있었다. 잘 지내려 노력할수록 이상하게 점점 더 망가져 가는 마음을 바라볼 때면 난처했다. 대체 무엇을 잘못하고 있는 것일까 싶었다.

나의 인내로 관계가 흐트러지지 않는다면, 그걸로 괜찮다 생각했던 것이 문제였다. 아무도 나에게 시킨 적 없지만 스스로 만들어낸 틀 때문이었다. 좋은 사람이 되어야 한다는 틀은 나를 점점 옥죄여왔다. 영영 볼일 없는 사람에게마저도 좋은 사람으로 남고 싶었던 쓸데없는 욕심을 부렸다. 나를 초라하게 만드는 말을 들어도 '괜찮아요'라고 넘겼던 순간들이 쌓이면서 나를 잃게 만들고 있었다.

잘 지낸다는 뜻이 친하게 지낸다는 뜻이 아님을 알았다. 불편함을 감내하고서라도 친밀하게 지내기 위해 노력할 필요는 없다. 서로에게 피해를 주지 않게 조심하고 배려하면서 관계 안에서 누구도 힘들어 하지 않게끔 유지해야 한다. 잘 지내는 관계라는 건 한쪽만 참는 관계가 아니라, 같이 배려하면서 만들어내는 원만한 관계이다.

원만한 관계를 만들며 지낸다. '저 사람이 어떻게 나한테 저럴 수 있지?' 서운함이 터져 나오지 않게 혼자서만 잘하려고 애쓰지 않는다. 다른 사람이 좋아할 만한 행동만 하려고 하지 않고 관계 안에서 마땅히 해야 할 행동을 하려 한다. 타인의 말에는 귀를 기울이지만 그것을 꼭 따라야 하는 것이 아님을 알고 결정한다. 그리고 굳이 붙잡지 않아도 될 것을 놓아줄 용기를 낸다. 비로소 자신에게 미안하지 않고, 타인에게도 선을 지키는 원만한 관계가 만들어진다.

건강한 관계란 한 사람만의 일방적인 희생과 배려만으로 유지될 수가 없다. 둘이 함께 만들어가는 것이라는 당연한 사실을 잊어서는 안 된다. 혼자서만 애쓰는 관계는 결국 반쪽짜리의 형태만 갖고 있게 될 뿐이다. 관계 안에서 자신을 포함한 모든 이들이 힘들지 않고 속상하지 않게 서로를 조심히 여기는 다정한 마음이 커지기를 바란다. 인간관계란 사람과 사람이 만나 모두가 편안해야 하니까.

불편함을 감내하고서라도 친밀하게 지내기 위해
노력할 필요는 없다.

잘 지내는 관계라는 건 한쪽만 참는 관계가 아니라,
같이 배려하면서 만들어내는 원만한 관계이다.

문득 그리워지는
누군가가 있다면

 멀어지고 가까워짐을 예상할 수 없는 게 사람과의 연이라고 한다. 가까웠던 누군가가 새삼스러울 정도로 멀어져 있고, 남처럼 드문드문하게 안부를 주고받았던 누군가와 어느새 둘도 없는 단짝이 되어있는 것이 사람과의 관계이다. 인연의 시작과 흩어짐은 언제든 맞이하게 된다.

 카카오톡의 친구 목록에는 꽤 많은 사람의 이름이 나와 있어도, 정작 대화를 주고받은 사람의 목록은 한정되어 있다. 그냥 알게 된 사람, 어쩌다 연락하게 된 지인, 전에 잠깐 다녔던 직장 동료, 한때 친했던 동기 같은, 이제는 쉽게 연락하기에는 멀어진 사람들이 많았다. 그중에서도 가끔 생각나기도 하고, 보고 싶다는 생각을 하는 사람들도 보였다. 그때의 우리는 꽤 다정했던 친구였는데, 자연스럽게 멀어진 사이였다. 프로필을 누르고서 연락해볼지 고민하다가, 포기했다.

예상하지 못했던 곳에서 내 모습을 마주하게 됐었다. 집으로 돌아가는 길에 우연히 지하철 유리창에 반사되어 비친 내 모습을 보았다. 은연중에 이십 대의 모습을 생각했던 것인지, 그곳에서 보이는 나는 낯설었다. 컨실러로 가려지지 않는 눈 아래의 선명한 다크서클과 꺼져있는 팔자 주름의 흔적이 보였다. 시간의 흐름이 새삼 느껴지면서, 덜컥 지난날의 그리움이 찾아왔다. 내 이십 대를 함께 보낸 인연이 보고 싶어졌다. 용기를 내서 거의 몇 년간 연락하지 못하고 지냈던 언니에게 문자를 보냈다.

"언니, 잘 지내죠?"

 답장이 안 올 수도 있을 것 같았다. 만약 답장이 오더라도 늦게 올 것으로 생각했는데 메시지의 알림음이 바로 들렸다.
"유은아, 오랜만이야. 나는 잘 지내고 있지. 보고 싶네."

 언니가 물어보는 안부에 괜스레 웃음이 나왔다. 그녀와 떡볶이를 하루에 두 번을 먹고도 하나도 질리지 않는다면서, 내일도 먹자고 약속하던 그때의 우리가 생각났다. 심각한 문제로 고민하다가도, 금세 새로 나온 틴트가 예쁘다는 이야기로 빠지곤 했던 그 시절의 우리가 눈앞에 선했다.

 약속을 잡고서 오랜만에 만난 언니는 나처럼 시간의 흐름이 얼굴에 보이긴 했지만, 여전했다. 기분 좋은 미소와 따뜻한 말투는 그대로였다. 서로 보고 싶었다는 인사를 시작으로 다시 순식간에 이십 대

시절로 돌아간 것 같았다. SNS 속의 그녀는 예전과 많이 달라졌다고 생각했는데, 막상 만나보니 달라진 건 나이뿐이었다.

두 아이의 워킹맘이 된 언니는 아이들 사진을 보여줬다. 정신없이 살다 보니 연락할 새가 없었다며 미안하다고 말하는 그녀에게 더 미리 연락하지 못해서 미안하다고 답했다. 보고 싶은 마음이 있어도 연락을 미루기만 했었다. 바쁠까 봐 연락하지 않았다는 건 사실 핑계였다. 그녀가 전과 달라졌을까 봐 무서웠다. 좋았던 기억으로 남겨진 언니의 모습을 그대로 두고 싶기도 했었다. 괜히 연락했는데 전과 달리 변해버렸을 것 같아서 쉽게 연락할 수 없었다. 그녀가 행복하게 지내는 모습을 SNS에서 봤을 때 전화라도 해볼까 싶었지만, 나만 보고 싶어 하는 것일 수 있겠다 싶어서 핸드폰을 내려놨었다. 충분히 행복하고 바쁜 지금의 그녀에게 연락할 용기가 나지 않았었다.

용기가 나지 않았다고 말하는 내 이야기를 듣고는 그녀가 말했다.

"나도야. 우리 친하게 지냈잖아. 근데 막상 내가 마흔이 넘으니까 새삼 우리 나이 차이가 느껴지더라. 너한테 연락해도 되나 싶었어. 나 혼자 확 나이 든 기분이더라고. 알아서 잘 지내고 있는 애한테 늙은이가 연락해서 놀아달라고 하는 것도 이상할 것 같아서 못 했어."

지나버린 시간 속에서 가끔 서로의 연락처를 보며 고민했던 내용도 비슷했다. 딱히 별다른 이유 없이 자연스럽게 멀어진 인연이었기에, 그 상태 그대로 멀어진 채 가끔 그리워만 하면서 지내온 것이다. 다시 용기를 낸 덕분에 언니와 종종 연락하며 지낸다. 대화의 주제는 예전과는 달라졌지만 서로를 생각하는 마음은 다름없다. 이왕이면 좋은 것만 보고 살았으면 좋겠고, 날마다 즐겁게 보냈으면 좋겠다. 자주 볼 수는 없어도 애틋한 마음을 안고서 살아간다.

완전히 끊어져 버린 연이 아니라면, 언제라도 다시 함께할 수 있을지 모른다. 문득 그리워지는 누군가가 있다면 용기 내도 된다. 그 사람이 어떻게 지내고 있는지 궁금하고 한 번쯤 다시 보고 싶은 사람이 있다면, 그 사람에게 주저하지 말고 연락해 보면 좋겠다. 어쩌면 그 사람도 당신과 똑같이 보고 싶어 할 지도 모르니까.

당신이 이왕이면 좋은 것만 보고 살았으면 좋겠고,
날마다 즐겁게 보냈으면 좋겠다.

자주 볼 수는 없어도 그렇게 애틋한 마음을 안고서
살아갈 수 있는 또 다른 기쁨이 있다.

**그때의
나에게
고맙다**

　인간관계 안에서 휘둘리고 넘어져서 잔뜩 다쳤던 날들을 보냈었다. 왜 그런 사람을 믿은 걸까 후회했고. 아프게 할 사람을 알아보지 못한 나를 자책했고. 사람에게 진절머리 날 정도로 힘들어했고, 대체 관계 안에서 어떻게 살아야 건강한 마음으로 살아가는지 고민했다.

　그때 후회하고, 자책하고, 힘들어하고, 고민했던 과거의 내가 있었기에 오늘의 담대한 내가 있게 됐다. 그때의 나에게 고맙다. 사람 사이에서 유난히 힘들었던 시간을 보낸 덕분에 조금은 세상살이를 배웠기에.

자신을 위한
거절을 연습해야 한다

여러 사람과 지내다 보면, 현명하게 거절하면서 지내는 것이 꼭 필요한 일이라는 것을 느낀 적이 많았다. 머리로는 알아도, 행동으로 옮기지는 못했다. 상대의 마음을 먼저 고려하려 노력했었고, 내가 한 번 고생하더라도 힘든 상황을 잘 넘어가게 만들어야 마음이 편했다. '이런 것까지 나에게 부탁한다고?' 싶은 부탁을 들어도, 일단 참고 이해하게 되면 더욱더 좋은 일들만 있을 것 같았다. 오죽하면 부탁했을까 싶어서 알겠다고 했지만, 좋은 일은 일어나지 않았다. 거절하지 못하는 예스맨인 나에게 돌아오는 것은 고마움이 아니라 당연함이었다. 쉽게 거절하지 못한 대가는 꽤 씁쓸했다.

'저 사람은 착하니까 부탁해도 돼.'
 착하다는 말이 나쁜 뜻이 아닌데, 언젠가부터 만만한 사람이라는 뜻으로 변질되어 있었다. 몇 번 부탁을 거절하지 않으면, 언제부터인가 무조건 자신의 부탁을 들어주는 사람으로 인지하기 시작했다. 무리한 부탁이라 조심스럽게 거절하면, 오히려 서운함을 표현하기도 했다. 분명 사람들과 즐겁게 지내고 싶어서 거절하지 않았던 행동들이 오히려 나를 힘들게 만들었다.

 대부분은 부탁을 어려워하고, 부탁을 들어준 사람에 대한 고마움을 느끼며 살아간다. 서로가 도우며 사는 세상이라는 걸 알기에 조심스럽게 도와달라 손을 내밀고 기꺼이 손을 잡아주는 것이다. 서로 고마움이란 마음으로 단합되는 관계만 있으면 좋겠지만, 그렇지 못한 경우도 있다. 타인을 배려해 주기 위한 마음이, 결국은 후회가 되어버리도록 만드는 이기적인 사람 때문이다. 그 배려를 호의가 아니라 권리로 파악하는 성숙하지 못한 사람으로 인해 문제가 생기게 된다.

전에 잠시 다녔던 회사에서의 내 업무는 질의서 초고를 쓰거나 보도자료 작성, SNS 홍보물을 만드는 일이었다. 여러 방향으로 생각을 키워나갈 수 있는 경험이었기에 일 자체는 너무 즐거웠었다. 일은 재밌었지만 그곳을 다니는 건 너무나 힘겨웠다. 같이 일하는 사람 때문이었다. 내 사수였던 그는 전형적인 강약약강의 사람이었다. 자기보다 우위에 있는 사람에게는 한없이 친절하고 잘 숙이는 모습을 보였고, 본인보다 조금이라도 아래에 있다 싶으면 심할 정도로 구박하곤 했었다.

이제 막 회사에 들어간 신입인 나는 그에게 아주 좋은 먹잇감이었던 것 같다. 모든 일에 트집을 잡았고, 윽박지르기 일쑤였다. 입사 초반은 일을 배워가는 과정이라 그러나 보다 넘어갈 수 있었지만, 일이 능숙해진 후에도 여전했다. 내가 작성한 질의서나 보도자료가 통과되고 상사들에게 인정받는 모습을 보더니, 한두 개씩 부탁하기 시작했다. 자신이 작성해야 할 것들 중에서 일부를 나에게 떠넘기는 것이었다. 나는 알겠다며 거절하지 않았다. 처음에는 한두개만 부탁하더니, 점점 부탁하는 게 늘어났다. 바빠서 이번엔 안된다고 거절하면 내가 나쁜 사람인양 몰고 가기도 했다. 급기야는 본인이 해야 할 일의 대부분을 넘기기까지 했다.

바보 같았던 나는 야근하기도 하고, 심지어는 일을 집에 가져와서까지 하기도 했다. 체력적으로도 그렇고 심리적으로도 한계에 다다랐다는 게 느껴졌다. 그래도 버티면서 지내고 있었다. 내가 대신 써준 보도자료로 그 사람이 상사들에게 칭찬받고 있다는 것도 알았지만 모른 척 넘어갔다. 살다 보면 그럴 수도 있다고 애써 괜찮은 척했다. 간신히 붙잡고 있던 내 인내심이 끊어지게 된 사건이 있었다. 내가 써놓은 보고서를 토씨 하나 고치지 않고 그대로 본인이 쓴 것으로 바꿔서 결재를 받은 걸 알게 된 것이다. 며칠 밤을 지새워서 만들었던 보고서가 오직 그 사람의 공으로만 인정받게 되자 더는 참을 수 없었다.

그에게 내가 쓴 보고서냐고 묻자, 꽤 당당하게 맞다며 대답했다. 전에는 별말도 없었으면서 이제 와서 왜 그러냐고 떳떳하게 구는 그의 모습이 괘씸했다. 곧이어 그는 다 이렇게 사는 것이라며, 뭐 이런 일로 성을 내냐며 오히려 나를 타박했다. 왜 나는 단호한 사람이 아닌 것인지 속상했다. 가만히 있기만 했던 지난 시간의 내가 안타깝고 미웠다.

다음날 출근하면서부터는 거절을 연습했다. 못 하겠다. 안 되겠다. 시간이 없다. 바쁘다. 여러 이유로 거절하는 법을 익혀갔다. 상대의 서운한 소리에도 마음 약해지지 않으려고 이미 해야 할 일이 넘쳐나는 내 업무노트를 확인하며 마음을 다잡았다. 변했다며 내가 나빠졌다는 뉘앙스로 말해도 마음에 담아두지 않았다. 남에게 착한 사람이 되려다가 정작 나에게 나쁜 사람으로 지냈던 시간을 만회해야 했다. 도와주고 싶지만 못하겠다, 미안하지만 시간이 안 된다, 해주고 싶은 마음은 굴뚝 같지만 도저히 안 될 것 같다. 거절하면서 지낸 이후로 삶의 질이 올라가는 게 느껴졌다.

모른 척 넘어가고, 눈 한 번 삼아준다고 해서 안타깝게도 모든 관계가 좋은 방향으로 가지는 않는다. 예상하는 것보다 편안함에 빨리 익숙해지고, 고마움을 쉽게 잊는다. 그러니 무리한 부탁을 들었다면, 거절하는 용기를 내야 한다. 조금은 껄끄럽고 불편한 마음이 올라오더라도 스스로를 위해서 단호해질 필요가 있다. '이번 한 번만 참아보자' 하고 넘어간다면, 다음에는 더 불편한 부탁을 들어달라는 말을 듣게 될지도 모른다. 지금 당장은 서운함 섞인 소리를 듣게 될지 몰라도, 자신을 위한 거절을 연습해야 한다.

살아내는 것 자체만으로도 참 잘 해내고 있는 자신에게, 남이 주는 스트레스까지 가중할 필요는 없다. 누군가의 무리한 부탁을 거절했다는 이유로 나쁜 사람이 되는 것은 절대 아니다. 고운 결을 가진 당신의 마음이 상처투성이가 되기 전에 작은 방어벽 하나를 쌓아두는 연습을 해야 한다. 모두에게 하염없이 착할 필요도 없고, 모두에게 무조건적인 호의를 베풀지 않아도 된다. 아무에게나 당신의 그 예쁜 마음씨를 쓰지 않았으면 좋겠다. 남이 좋은 게 좋은 게 아니라, 내가 좋은 게 좋은 거라는 생각을 잊어서는 안 된다. 당신의 오늘은 오직 당신만이 주인이니까.

지금 당장은 서운함 섞인 소리를 듣게 될지 몰라도,
자신을 위한 거절을 연습해야 한다.

어떤 사람과 가까이 지내야 할까

 전에는 어떤 사람을 멀리해야 하는 것인지 고민했다면, 요즘은 어떤 사람과 가까이 지내야 하는지를 생각한다. 곁에 어떤 사람이 있느냐에 따라서 그 공간의 분위기와 하루의 기억이 달라진다는 걸 알기에, 웬만하면 긍정적이고 무던한 성격의 사람과 만나려 하고 있다.

 짜증이 많은 친구를 만나러 약속 장소에 나간 적이 있었다. 지하철 출입구 계단을 올라오는 게 덥다면서 짜증 내고, 같이 옷을 고르는 동안에도 본인이 살이 찐 것 같다면서 투덜거리고, 밥을 먹으면서도 돈에 비해 양이 너무 작다면서 신경질을 내고, 카페에 가서까지도 아침에 고데기 하고 나온 머리의 웨이브가 금방 풀린다면서 툴툴거렸다. 그녀와 있는 하루 종일 옆에서 짜증 섞인 말만 들어야 했었다. 실은 옆에 있던 나도 더웠고, 힘들었다. 나 역시도 마음에 들지 않는 것을 굳이 찾자면 수없이 찾을 수 있었다. 그래도 아무 말도 하지 않았던 것은, 함께 시간을 보내기 위해 나온 친구에 대한 예의였다. 징징거리고 불평하는 목소리만 듣자고 나온 게 아닐 테니, 이왕이면 즐거운 마음으로 함께하고 싶었다. 그 친구는 나와는 전혀 다른 성격의 사람인지, 만나는 순간부터 헤어지는 순간까지 습관처럼 투덜거리다가 갔다.

짜증이 많고 부정적인 사람의 곁에 있으면 나도 모르게 눈치 보게 되고, 그 사람의 기분에 맞추게 됐다. 이렇게 불평만 하는데, 괜히 더 우는 소리 듣기 싫어서 조심하곤 했다. 그러다 보니 아무리 좋은 장소를 다녀왔다고 해도 집으로 돌아오면 어딘가 찝

찝하고, 하나도 좋지가 않았다. 괜히 만난 것 같고, 시간이 아깝게만 느껴졌다. 차라리 그 시간에 집에서 영화를 봤더라면 마음이라도 편했을 것이라며 아쉬워하곤 했다.

또 다른 친구를 보러 간 날이었다. 그녀는 어렸을 때부터 자조적인 말을 자주 하던 친구였다. 학생 때 시험에서 원하는 성적이 안 나오면 '하, 내가 하는 일이 이렇지 뭐.'라고 넘어갔고, 성인이 되어서는 회사에서 일이 안 풀릴 때면 '난 어차피 안될 사람인가 봐. 팀원 운도 더럽게 없어.'라면서 한숨 쉬었다. 나에게는 늘 아픈 손가락 같은 친구였다. 왜 저렇게 자기를 비하하는 건지 싶어서 옆에서 친구의 자존감을 지켜주려 노력하곤 했었다. 그 자조적이고 부정적인 말들을 너무 오랫동안 듣게 되자, 나도 조금씩 지쳐가기 시작했다.

카페에서 대화하다가, 학교 동창이 하는 사업이 잘되고 있어서 다행이라는 이야기가 나왔다. 부지런하고, 배포도 크고, 센스가 남달랐던 동창의 칭찬을 하고 있는데, 친구가 이런 말을 했다.

"야, 어차피 우린 안돼. 우린 못해. 그냥 이렇게 평생 일개미로 살아야 돼."

동창처럼 사업을 할 자신감도 없었기에 딱히 반박할 만한 틀린 말은 아니었지만 어딘가 마음이 불편했다. 그래도 다시 대화를 이어갔고, 휴가 때 어디로 갈 것인지에 대한 주제로 넘어갔다. 당시 코로나가 심했던 시절이라 해외를 갈 수가 없었던 탓에 제주도가 인기였던 때였다. 제주도를 가보는 것도 좋겠다고 말하자 친구가 말했다.

"거기 요즘 숙소부터 해서 관광지 근처 식당까지 엄청 비싸잖아. 우리 같은 서민은 그냥 집에만 있어야 돼. 우린 못 가."

그녀가 나쁜 말을 한 건 아무것도 없다는 건 알았어도, 그 대화 자체가 껄끄러웠다.

친구와 헤어지고 집으로 돌아오는 길에 내내 유난히 불편했던 이유를 생각했다. 언제부터인가 그녀가 말할 때 주어를 '우리'라고 칭하면서부터 들을 때마다 껄끄러워졌던 것이다. '나는 못할 거야.' '난 안 돼.' 이랬던 말이 '우린 못 할 거야.' '우린 안돼'로 변해있었다. 너무나 자연스럽게 부정적인 생각이 가득한 서술어에 나를 자연스럽게 넣고 있었다. 이야기하면서 내내 찝찝하고 답답했던 건, 무엇이든 못할 것이라고 말하는 그녀의 말에 슬며시 나까지 포함됐기 때문이었다.

아쉽더라도 두 명의 친구와는 점차 멀어졌다. 짜증이 일상인 친구의 곁에서 불편하고 싶지 않았고, 무엇도 할 수 없고 모든 시도는 불가능에 가깝다고 말하는 부정적인 친구의 옆에서 나까지 우중충해지고 싶지 않았다. 징징거리는 투정을 받아주기엔 나도 살면서 힘든 점들이 수없이 많고, 결국 아무것도 못 할 것이라고 주문을 외우는 친구에게 희망을 말해주기엔 나는 너무 지쳐있었다. 이왕이면 밝고 재미있게 살아가고 싶은 나와는 더 이상 생각의 결이 맞지 않는 친구들이었다.

그들과 멀어지면서 사람을 만날 때에는 이왕이면 긍정적인 사람을 만나야 한다는 걸 다시금 깨달았다. 이왕이면 희망을 말하고, 될 수 있으면 긍정을 말하는 사람과 함께하자 내 생각의 틀도 점점 달라졌다. 어쩌면 못 할지도 모르고, 안될지도 모른다는 불안감이 작아지고 있다는 걸 느꼈다. 소소한 즐거움과 행복을 이야기하고, 불가능보다는 가능을 꿈꾸며 응원하는 대화를 한다. 못하는 것보다는 잘할 수 있는 것에 집중하며 살아간다. 나의 하루가 조금 더 명랑했으면 좋겠고, 희망이 맴돌았으면 좋겠으니까.

씁쓸한 아쉬움

　끝나고 유난히 오래도록 아린 맛이 맴도는 인연이 있다. 한 발짝 더 물러났더라면, 그 말을 하지 않았더라면, 이런 생각들을 곱씹게 되고 후회하게 된다. 나를 이해해 주길 바랐으면서도 정작 그 사람의 마음을 이해해 주지 못했던, 지난날의 자신을 안타까워할지도 모른다.

　지나간 인연에 대해 씁쓸한 미소로 넘어갈 수 있을 때, 알게 된다. 그때의 내가 이해할 줄 몰랐던 대가로 씁쓸한 아쉬움을 오랫동안 안고 살아가야 한다는 것을.

당신의 탓이 아니에요

 전에 한동안 독자분들에게 이메일로 상담을 해드린 적이 있었다. 처음에는 도란도란하게 몇몇 분들과 이야기를 나누는 기분으로 시작하려고 했던 것이었는데, 막상 SNS에 공지를 올리자 예상했던 것보다 훨씬 많은 사연을 받아볼 수 있었다. 하루에 100통 가까이 오는 메일들을 틈나는 대로 읽어보면서 나도 같이 웃고 울곤 했었다. 사연의 대부분은 인간관계에 대한 고민이 주를 이뤘다. 관계 안에서 다양한 이유로 힘들어하고 있었다. 그리고 신기하게도 긴 사연과 고민이 담긴 글 마지막에는 꼭 이런 내용이 들어있었다.

"이렇게 된 게 제 탓인 것만 같아요."

가정폭력을 일삼았던 아버지에게서 도망치듯 독립한 아들, 도박 중독에 벗어나지 못한 엄마와의 절연한 딸, 외도를 걸리고도 뻔뻔했던 배우자와 이혼을 한 사람, 친구와 바람이 난 애인과 헤어진 사람, 자신을 감정 쓰레기통으로만 이용하던 친구와 손절한 사람. 다 쓰지 못할 만큼 다양한 사연들 뒤로 이어지는 저 문장이 가슴 아팠다.

부모님이니까 몇 번은 더 봐줘야 하는 건 아닌지. 다시는 안 그러겠다면서 반성하는 배우자를 용서해줬어야 하는 건 아닌지, 바람은 피웠지만 아직 사랑한다며 붙잡던 애인의 말을 믿었어야 했던 건 아닌지. 부정적인 감정을 쏟아낼 수밖에 없던 친구를 받아줘야 했던 건 아닌지. 저마다의 이유를 가져와 냉정했던 자신의 탓으로 이 관계가 망가진 것 같다고 했다.

왜 우리는 관계 앞에서 본인 스스로 가스라이팅을 하는 것일까. 누가 봐도 자기 잘못이 아닌 문제일 텐데도, 기어코 본인의 잘못이라고 자책하곤 한다. 인간관계는 아무리 노력한다고 해도 제어할 수 있는 영역이 아니다. 우리가 노력하는 것은 관계 안에서 다치지 않기 위해, 보다 더 긍정적인 관계를 맺기 위해 노력할 뿐이다. 그런데도 불구하고 가끔 인간관계에서의 노력을 용서하는 일에 쓰려고만 하는 사람이 있다.

대부분 용서를 구하고 용서하면서 관계를 이어 나간다. 여기서 전제조건이 있다면, 이해가 가능한 범위 안에서의 잘못이라는 것이다. 그 범위를 완전히 벗어난 문제에 대해서는 용서라는 단어는 힘을 잃고 만다. 상대에게 너무나 큰 실망감을 줬다거나, 돌이킬 수 없는 악몽 같은 기억을 줬다거나, 가슴이 아릴 정도의 배신감을 준 일에 대해서 용서하지 못하는 건 당연하다. 잘못한 사람들에게서 멀어지는 건 어쩌면 끔찍했던 기억과 상처로부터 멀어지고 싶은 발버둥일지 모른다.

　사람과 사람은 끊임없이 교류하며 영향을 주고받는다. 마치 탁구 경기처럼 끊임없이 왔다 갔다 움직인다. 마음을 주기도 하고, 신뢰를 받기도 하고, 애정을 주기도 하고, 미움을 받기도 하고, 여러 가지의 감정과 생각을 교류하면서 관계가 단단해지는 것이다. 평소처럼 공을 던졌지만, 더는 내 공을 받아줄 생각이 없는 이들과는 당연히 관계가 이어질 수는 없다.

　상담을 해드렸던 독자분을 우연히 만난 적이 있었다. 곧 환갑의 나이를 바라보는 나이인 그녀는 삼십 년 넘게 남편이었던 사람으로부터 가정폭력을 당하고 있었다. 처음은 신혼 때, 결혼하면서 결혼자금을 많이 가져오지 않았다면서 폭언을 쏟아부은 게 시작이었다. 그 후 남편의 본격적인 손찌검이 시작됐다. 혼수도 제대로 해오지 않았다면서 그녀를 때린 것이다. 점차 이유도 다양해졌다. 신혼집 보증금을 지원해 준 사람이 자기 엄마인데, 그걸 무시하냐며 때리고. 부업하는 모습을 보고는 본인이 돈을 적게 벌어 온다고 항의하는 것이냐며 때렸다. 가지각색의 이유로 맞는 횟수가 늘어났던 그녀는, 살고 있던 다세대주택의 주민 모두가 힐끔힐끔 쳐다볼 만큼 멍 자국이 많은 사람이었다. 아이를 낳고, 키우면서도 남편의 폭력은 멈추지 않았다. 세 딸이 모두 성인이 되고 취업했을 때, 그녀를 설득한 것이다. '엄마, 이제라도 사람답게 살아. 제발 아빠 떠나서 살아.'

혼자가 된 그녀가 나에게 보냈던 메일에는 이런 내용이 있었다.
'아무리 싫어도 같이 부대끼며 살아온 정이라는 게 있는지 자꾸 뒤돌아보게 됩니다. 결혼했을 때 제가 남편한테 더 잘해줬으면 남편도 그렇게 되지 않았을 것 같다는 생각도 드네요. 가난하고 못 배운 제 탓 같아서 후회도 됩니다. 그래도 애들 아빠인데, 딸들 시집갈 때 손잡아줄 사람이 있어야 할 것 같아서 다시 합쳐야 하나 고민입니다.'

나는 그녀에게 따님들 때문에 재결합을 고민하고 있다면, 그 문제는 따님들과 상의해 보시는 게 좋겠다고 답변했었다. 이왕이면 혼자서 용감히 살아가시면 좋겠다는 응원도 덧붙였었다.

그 후로도 메일을 몇 번 주고받았었다. 어디선가 잘 지내고 계시겠지 싶었던 분을 우연히 만나게 된 것이다. 그녀는 혼자서 행복하게 잘 살고 있다며 미소지었다. 진작 용기를 냈어야 했었다면서 딸들 덕분에 너무 즐겁게 산다며 자랑했다. 삼십 년 넘게 폭력을 일삼았던 남편과의 헤어짐에서도 수도 없이 망설였을 정도로 여렸던 그녀가 꽤 단단하게 변해있는 게 확실히 보였다. 전남편과는 남보다 못한 사이로 살아간다며 고개를 절레절레 흔들었다. 짧은 만남을 뒤로하고 떠나는 그녀의 뒷모습이 새삼 후련해 보이기까지 했다.

반성할 일에는 마땅히 반성하고, 잘못을 구하고, 고치면서 살아가는 건 당연한 도리이다. 하지만 반성할 이유가 없는 일에 대해서 굳이 본인의 잘못으로 포장해서 반성할 필요는 없다. 회복이 힘들 정도로 아득한 상처를 준 사람을 용서하려고 끌어안고서 사는 것은 결국 상처만 곪게 만드는 일이다. 자신을 지키기 위해, 굳건한 심지를 단단히 세워 두고서 떠나기로 한 인연에 대해서 함부로 미안해하지 않았으면 좋겠다. 그것은 당신의 탓이 아니니까.

함께 노력하는
둘이었기에

   고장 난 자전거를 타고서 억지로 가보면 부질없는 힘겨움만 느낀다. 바퀴가 곧 빠질 것 같은 위태로운 자전거를 탄다는 건, 언젠가 다칠 거라는 위험성을 알고도 멈추지 않는 무모함이다. 안정적으로 멀리 가려면 두 바퀴가 함께 굴러가야만 한다. 인간관계도 마찬가지다. 혼자만 노력하는 관계는 위태로울 뿐이다. 신뢰를 바탕으로, 함께 노력하고 이해할 줄 아는 두 사람의 단단한 바퀴가 있어야만 페달을 밟으면 힘 있게 나아가는 법이다. 서로를 믿고 의지하며 가다 보면 느끼게 될 것이다. 둘이었기에 이만큼이나 올 수 있었다는 사실을.

상대를 높이는 건
나를 높이는 것과 같다

"나는 원래 그래."

원래 그랬다는 핑계를 대면서 상대가 불편하다고 말하는 점들을 고칠 생각이 없는 사람이 있다. 상처가 되는 말을 생각 없이 내뱉거나, 무례한 행동을 하면서도 원래 그랬다는 말로 합리화하려고만 한다. 서로가 불편하지 않게끔 작은 노력을 기울이며 맞춰가는 것이 인간관계일 텐데, 그 작은 노력도 하고 싶지 않아 하는 사람과 시간을 보내는 건 힘든 일이다.

성격이 원래 그렇다면서 비수가 되는 말들을 아무렇지 않게 하는 사람을 만난 적이 있었다. '나는 원래 솔직해. 시원시원하게 말하는 편이야.'라며 그것이 장점인 것처럼 강조했다. 날카롭고 무례한 말은 솔직하다는 형용사로 감추어질 리가 만무했다. 그녀의 말이 불편하다고 말해줘도, 별로 새겨듣지 않았다. 본인은 원래 이런 사람인데, 어떻게 바꾸냐는 식이었다. 자신의 솔직함에 취해버린 그녀는 변할 생각을 하지 않았다.

오래 사귄 애인과 헤어진 사람에게는

"그럴 줄 알았어. 원래 연애 길게 한 커플 치고 결혼까지 가는 커플 못 봤어. 9년 사귀고 헤어진 거면 솔직히 거의 이혼한 거나 다름없는 거 아닌가? 다음에 연애할 사람한테 꼭 말해."

갑자기 아프게 된 아버지 때문에 힘들어하는 사람에게는

"사람은 다 나이 들면 아프고 죽는 거야. 다 그렇게 살아. 뭐 그런 걸로 유난이야. 누가 보면 대단한 효자인 줄 알겠어."

배우자의 불륜으로 인해 이혼을 준비하는 사람에게는

"거봐. 그렇게 딱딱한 성격으로 행동하면 누가 바람 안 나겠어. 다 바람필 만하니까 피는 거야."

신이 난 듯 떠들어댔다. 모든 말들 앞에는 '나 원래 솔직한 편인 거 알지? 치사하게 뒤에서 말 안 하고 여기서 그냥 시원하게 할게'라는 말이 늘 붙어있었다. 솔직하다는 형용사로 포장된 날카로운 말이 할퀴고 간 상처에 따가워하면, 이런 걸로 아파하는 사람이 속 좁은 사람이라며 오히려 나무라기도 했다.

자칭 솔직하고 쿨한 그녀와 모두가 멀어지려 애썼다. 그녀가 앞으로도 변하지 않을 거라는 걸 알기에 내린 결정일 것이다. 언제까지고 자신은 원래 그런 사람이라며 서슴지 않고 뱉을 불편한 말들을 듣고 싶은 사람은 아무도 없었다. 자연스러운 순서처럼 그녀의 곁에 있던 사람들은 떠나갔다. 나 또한 그녀의 연락이라면 피하기 급급했다. 갖은 핑계를 대서라도 만나지 않았고, 걸려 오는 전화를 받지 않았다. 그녀는 자신의 주변에서 떠나가는 사람들로부터 무엇을 느꼈는지 모르겠다.

상대를 존중하고 이해할 줄 아는 만큼 자신의 내면도 성장한다. 여러 사람들이 자신으로 인해 불편하다고 하는 게 있을 때, 그걸 고칠 생각은 하지 않고 고집하기 위한 이유를 찾기만 하면 절대 성장할 수 없다. 필요 없는 고집은 버리고, 받아들일 것은 받아들이고, 변화할 것은 변화해야 더 나은 자신이 될 수 있다.

관계 안에서는 '원래 그래'라는 말은 큰 힘을 갖지 못한다. 원래 어땠을지는 몰라도 사람들과 함께 하는 자리에서는 실례되지 않는 선을 지키며 살아가는 게 대부분이다. 서로가 서로를 이해하는 것에 한계에 부딪힐 정도의 문제라면, '원래'가 아니라 '미래'를 위해 자신을 돌이켜 볼 줄 알아야 한다. 보다 더 튼튼한 관계를 만들기 위해서.

미래의 어느 순간에도
함께했으면 좋겠다는 마음으로

친구가 결혼을 생각했던 남자와 헤어졌다. 5년을 사귄 커플이었지만 헤어짐의 이유는 지독히 현실적이었다. 계약직 사원을 전전하고 있는 남자였다. 남자는 점점 자신이 작아지고 있음을 느꼈다. 이십 대 시절의 패기도 사라졌고, 가능성도 예전과는 다르다는 걸 이미 알고 있었다. 아무리 혼인율이 최저라고 하더라도, 주변 사람들은 신기하게도 자신의 짝을 찾아 결혼식을 올렸다. 본인도 나이가 든 만큼 옆에 있는 여자 역시도 나이가 들어가고 있다는 사실이 아찔했다.

미래가 없어 보이는 본인이 여자를 붙잡고 있는 건 욕심일지 모른다고 생각했다. 남자는 여자에게 헤어짐을 말했다. 모아놓은 돈도 없고, 안정적인 직업도 없으니 앞으로 결혼할 생각이 없다고 말했다. 여자는 자기가 모아놓은 돈이 있고, 안정적인 직업이 있으니 함께하자고 그랬다. 남자는 고개를 저었다. 사랑이 돈을 이기는 건 잠깐일 뿐이라고. 결국 우리도 돈 때문에 서로를 미워하고 증오하게 될 것이라며 여자를 떠났다. 그녀는 슬펐지만 체념했고, 다시 현실을 살아가고 있다.

여러 모양의 인간관계 중에서 단단하면서도 쉽게 부서질 수 있는 게 바로 연인 관계이다. 서로에 대한 애정을 바탕으로 신뢰를 쌓아가며 조금씩 더 단단한 관계의 고리를 만들어간다. 둘의 사랑만 있다면 결단코 깨지지 않을 것 같은 관계에도 위기는 오는 법이다. 현실의 벽에 부딪히기도 하고, 쌓아놓은 신뢰의 벽을 무너뜨리기도 하면서 연인이라는 관계의 테두리가 손쓸 수 없이 부서지고 만다.

애인은 기간제 베스트프렌드라는 말이 있다. 누구보다 친밀한 사이가 되어 영원을 꿈꾸고 함께하지만, 저마다의 이유로 관계의 마지막을 선택해야 할지도 모르기 때문이다. 함께할 기간이 언제까지일지는 누구도 알 수가 없다. 꿈같은 약속처럼 영원이 될 수도 있고, 덧없는 신기루처럼 금방 사라질 인연일 수도 있다. 인간관계에서 가장 조심해야 할 것 중 하나는 함부로 확신하지 않는 것이다. 사랑하는 사람이 있다면 헤어짐을 두려워하지 말고 함부로 확신도 하지 말고, 그저 미래의 어느 순간에도 함께했으면 좋겠다는 마음으로 지금 이 순간을 실컷 아껴주면 된다. 기간제 베스트프렌드의 기간이 평생을 뜻하는 것이길 바라면서.

**그리 울어서,
그리움이라고.**

    소중했던 사람을 다시 볼 수 없다는 건 지독히도 슬픈 일이다. 한때 나와 각별했던 누군가가 그저 과거형으로만 남게 된 현실을 인정해야 하는 순간에 덤덤할 사람은 없을 것이다. 수없이 밀려오는 후회에 잠식됐다가, 속절없이 빠져나가는 기억들에 아파한다. 사람이 떠난 자리가 공허해 괜찮아질 날만을 기다리면서 알게 된다. 얼마나 울었는지 모를 만큼 그리 울어서, 그리움이라고.

연이 다해버린 관계 앞에서
할 수 있는 건

한때 벗이라 칭했던 사람과
함께였던 순간을 반추했을 때
내가 최고는 아니었어도 최악은 아니었길 바랐다.
연이 다해버린 관계 앞에서 할 수 있는 건
멀어진 사람을 탓하는 것도 아니었고
나를 자책하는 것도 아니었다.
그저 잘 지나간 인연 하나쯤으로 서로에게 남는 것
그게 전부였다.

**그렇게 아팠으니까,
이제 더 성장하겠네.**

어떤 사람을 만나도 함부로 이 관계의 끝을 예단히지 않는다. 스쳐 지나갈 것으로 생각했던 사람이 언제라도 전화할 수 있는 각별한 존재가 되었고, 영원히 함께할 친구라고 생각했던 사람은 핸드폰 번호마저 모르는 사이가 되었다. 멀어지고 가까워지는 인간관계의 파도가 인도할 길은 섣불리 판단할 수 있는 게 아니다.

언제나 편히 연락할 수 있는 언니가 있다. 힘들다고 말해도 그것이 약점으로 돌아오지 않고, 슬프다고 말해도 그것이 흉이 되지 않아서 편안한 사람이다. 시 창작 스터디에서 만난 사이였다. 시를 좋아하고, 글쓰기가 취미이고, 책을 좋아한다는 공통점은 우리를 단단하게 만들어줬다. 사실, 그녀와 이렇게 오랜 기간 친밀한 인연으로 이어질 줄은 몰랐다. 이미 성인이 되어 사회생활을 할 때 만난 사람이라, 적당히 가까운 사이로, 적당히 친하게 지내다 자연스럽게 멀어질 거라고 생각했다.

당시, 그녀의 직장 근처에 살았던 나는 언니와 자주 만났다. 퇴근길 밥 친구가 되기도 했고, 어떤 날은 밤늦도록 커피를 마시며 몇 년 후의 미래를 마음껏 꿈꾸기도 했다. 어렸고 그래서 모든 게 불안정했지만 불안함을 떨쳐낼 수 있었던 것은 그녀와 실컷 웃었던 시간 덕분이었다. 의식하진 않았지만 살다 보니 그녀와 10년 가까이 마음이 가까운 사이로 지내고 있다.

마음이 사무치던 밤, 그녀에게 전화를 걸었던 적이 있다. 원고 작업은 좀처럼 진도가 나가지 않고 있고, 해야 할 일들은 많고, 뜻대로 되는 것은 거의 없었다. 눈 앞에 펼쳐진 현실이 버거웠었다. 늦은 저녁 동네를 한참 걷다가, 아무도 없는 벤치에 앉아 있는데 떠오르는 사람이 바로 그녀였다. 밤 열 시가 다 돼 가는 시간이었기에 조심스러운 마음으로 전화했다. 통화음이 몇 번 울리기도 전에 언니는 내 이름을 부르며 전화를 받았다. 그 목소리가 너무 다정해서 그랬는지 왈칵 눈물이 나왔다.

처음 겪어보는 일과 감정, 모든 게 달라진 환경에서 어떻게 해야 다시 예전처럼 돌아갈 수 있을지 아득했었다. 왜 나는 이런 선택을 했는지, 다시 돌이킬 수 없다는 걸 알면서도 수도 없이 상상하고 무너진 날들이었다. 그녀에게 내 상황을 말해주면서, 사실은 무섭고 힘들다고 고백했다. 그러자 언니가 말했다.

"이제 더 성장하겠네. 그렇게 아팠으니까 한 뼘 넘게 훅 크겠다."

별일 아니라는 듯 받아주는 그녀의 말에 정말로 마음이 조금은 안정되는 기분이 들었다. 언니는 그 후로도 자신이 겪었던 성장통에 대한 이야기를 들려줬다. 그러면서 자기의 아픔이 더 컸다 작았다를 말하려는 게 아니라고 했다. 아무리 힘들었어도 지금 이렇게 멀쩡히 다시 잘 살고 있다는 걸 말해주려는 거라며, 나를 위로했다. 그녀와 한 시간을 넘게 통화하고 집에 들어와 한숨 푹 자고 일어났다. 다음날 기적처럼 나아진 것은 없었지만, 마음 한편이 따뜻해진 것을 느꼈다. 이렇게 힘을 얻고 또 힘을 주면서 오래 함께할 누군가가 생겼다는 사실이 주는 안정감이었다.

지금은 각자 다른 곳으로 이사한 탓에 자주 보지는 못하지만, 그래도 마음만은 여전하다. 착하고 좋은 스터디원을 만난 줄로만 알았는데, 시간의 흐름 속에서 서로가 서로에게 꽤 소중한 존재가 되어있음을 느끼며 지내는 중이다.

곁에 있을 사람은 정할 수 있는 게 아니다. 관계란 꼭 살아있는 생명체 같아서 금세 그 모양을 바꾸기 십상이다. 수없이 달라지는 관계 중에서, 나에게 꼭 맞는 인연이 나타날 것이다. 일부러 가까이 가려 하지 않아도 저절로 파도가 데려다주는 인연이 있다. 같이 물결에 몸을 맡기고 가다 보면, 흐르는 시간이 친절하게도 우리에게 선물해 준다. 쉽게 흩어지지 않는 관계의 단단함을.

"이제 더 성장하겠네.
그렇게 아팠으니까 한 뼘 넘게 훅 크겠다."

사람과 불필요한 마찰을
줄이고 싶어서

 스스로 느끼기에 인간관계에서 시시하고 비겁한 사람이 된 것 같다. 전에는 사람과 함께하는 일에 열정적이었다. 이왕이면 다양한 사람들과 함께하려 했고, 잘못된 것을 보면 고쳐주려고 했고, 부당한 일에 목소리를 내려고 했다. 지금의 나는 웬만한 일에는 보고도 못 본 척하기 일쑤인 재미없는 사람이 되었다.

 허언증 비슷한 걸 갖고 있던 친구가 있었다. 모든 분야에서 거짓말을 하는 건 아니었고, 자기 경력이나 능력에 관한 것에 대해서는 꼭 있지도 않는 사실을 붙여 넣곤 했다. 영어는 물론 중국어와 스페인어도 능통하다고 말해놓고, 하나도 제대로 된 어학 점수가 없다는 사실이 들통나거나. 해외 봉사 경험이 많다면서, 막상 국내 봉사 시간도 채워놓지 않은 걸 모두가 알게 되기도 했다. 그렇게까지 큰 거짓말은 아니지만, 굳이 왜 저렇게까지 하면서 살까 싶은 친구였다. 지금으로써는 이해하지 못할 일이지만, 그때의 나는 그 친구를 꼭 고쳐주고 싶었다. 자꾸 이상한 거짓말을 하는 탓에 친구가 없어진 그녀에게 종종 친구의 역할로 찾아갔다. 같이 밥도 먹고, 공부도 했다. 그리고 틈틈이 그녀에게 도움 될만한 팁도 말해주었다.

"말하려고 하다 보면 자기도 모르게 말에 살이 덧붙여지는 거잖아. 누가 먼저 물어보지 않은 건 굳이 말하려고 하지 마. 웬만하면 단답형으로 말하려고 노력해 봐."

그녀는 알겠다며 고개를 끄덕였다. 아무도 물어보

지 않은 주제인데도 본인이 나서서 실제로 해보지도 않은 자신의 스펙을 자랑하는 게 고쳐지길 바랐다. 필요 없는 거짓말을 하는 버릇을 고쳐서 앞으로는 다른 친구들과도 잘 어울렸으면 싶었다. 조금 고쳐지는가 싶었던 순간도 있었지만, 결국 도돌이표처럼 원점으로 돌아왔다. 여름휴가 이야기를 하다가 대뜸 코타키나발루를 다녀왔다고 그녀가 자랑하듯 말했다. 듣고 있던 우리는 좋겠다며 넘어가는데, 다른 친구가 대뜸 그녀에게 물어봤다.

"코타키나발루가 태국에 있지? 바트 환율이 어땠어? 물가가 엄청 싸다던데."

거짓말하고 있다는 걸 눈치채고서는 일부러 잘못된 정보로 질문한 것이다. 당연히 거짓말이었던 그녀는 말레이시아에 있고, 바트가 아닌 링깃으로 환전한다는 걸 몰랐던 탓에 들통나버리고 말았다.

그래도 좋아지겠지 싶었지만 아니었다. 그녀가 사람들에게 심지어 나까지 포함시켜서 거짓말 스펙을 만든다는 걸 알고는 허탈한 웃음만 나왔다. 나와 함께 양로원에 가서 책을 읽어드리는 봉사를 했다며 말하고 돌아다닌 것이다. 그 일이 있고 난 뒤부터는 나도 더는 그녀에게 아무런 간섭도 하지 않고, 어떤 노력도 하지 않았다.

언젠가 길을 걷고 있는데 SUV 차량이 아파트 단지 앞에서 횡단보도의 볼라드를 세게 들이받는 현장을 목격했었다. 나 말고도 본 사람은 여럿이었는데, 다들 그냥 지나가는 분위기였다. 보도블록에 박혀있던 볼라드가 튀어 올라오면서 주변 도로가 엉망이 되어있었다. 혹시나 운전자가 음주 운전을 한 게 아닐까 싶어서 조수석 옆 창문에 서 있었다. 창가가 열리자 도로 상황을 말해주고 나서, 혹시 음주 운전을 한 건 아니냐고 물었다. 그러자 대뜸 화를 내고서는 급기야 욕설까지 뱉었다. 자기가 음주 운전했다는 증거가 어딨냐며 소리를 지르고, 본인은 음주 운전을 안 했는데 왜 그런걸 신경 쓰냐며 분노했다. 저렇게까지 화를 낼 일인가 싶었고, 왜 나한테 화를 내는 건지 알 수가 없었다.

운전자는 잔뜩 화가 난 듯 차에서 내려 도로 상황을 보고는 욕지거리를 내뱉었다. 그리곤 볼라드를 주워 주섬주섬 땅에 다시 심어보려고 휘적거렸다. 언뜻 술 냄새도 나는 것 같고, 하는 행동이 아무래도 뭔가 이상해 보였다. 옆에 있던 다른 분이 경찰에 신고를 했고, 얼마 지나지 않아 경찰이 왔다. 음주 운전을 하지 않았다고 소리 질렀던 그 아저씨는 술을 마신 상태였던 게 적발됐다. 마지막까지 나를 향해 분을 풀고 갔다.

 좋은 사람들도 많이 만났지만 이상한 사람들 역시 많이 만나면서 점점 관망하는 걸 선택하게 됐다. 굳이 내가 나서야 할 이유를 좀처럼 찾지 못하게 된 것이다. 복잡해질 게 뻔한 일에 말려들고 싶지가 않아졌다. 아무리 애쓴다고 하더라도 달라질 게 없는 사람에게 굳이 내 노력을 쓰지 않아도 된다는 걸 알게 되었다.

 영 아니다 싶은 행동을 하는 사람이 있다. 저렇게

말하는 게 습관 되면 나중에 중요한 순간에 손해 볼 텐데. 저런 태도로 사람들을 응대하면 문제 생길 텐데. 눈에 보이는 것들이 있어도 그저 아무것도 보이지 않는 사람인 척 연기한다. 위험해 보이는 상황을 봐도 내가 달려가 말리거나 살피지 않고 조용히 경찰서에 전화하는 게 전부이다.

사람과 불필요한 마찰을 줄이고 싶어서, 침묵으로 모든 걸 대신한다. 목소리를 내지도 않고, 뭔가 하려고 하지도 않는다. 남이 보면 차분해졌다고 할 수도 있겠지만, 잘 모르겠다. 이제는 괜히 엄한 욕을 듣고 싶지도 않고, 상처받고 싶지 않은 겁쟁이가 된 것만 같다.

예전에는 인간관계에서 유난히 초연하고 마음에 별다른 미동이 없어 보이는 사람이 대단하다고 생각했었다. 얼마나 마음이 넓으면 저런 상황에서도 그냥 넘어갈 수 있는 걸까 동경하기도 했다. 막상 시간이 지나서 내가 그런 상황이 되어보니, 그건 마음이 넓은 것도 아니고, 초연한 것도 아니었다. 이상한 사람에게 지쳐서 벽을 두고 살아가는 모습이라는 걸 알았다.

 모든 일에 열의를 갖고 살아가는 건 참 멋진 일임은 틀림없다. 다만 그 마음이 사람과 사람 사이에서는 무조건 긍정적인 방향으로만 가지 않기도 한다. 그걸 알기에 우리는 타인에게 조금 더 무심해지고, 크게 신경 쓰이지 않는 선에서는 관심을 주지 않고 살아간다. 괜한 피곤함을 안고서 살아가고 싶지 않은 마음으로.

봄이 오기 전,
왜 겨울이 있는지.

 같은 해에 태어났지만 1월생이라서 언니라고 부르는 사람이 있다. 어느 정도는 정해진 틀 안에서 살아야 마음이 편하다고 느끼는 나와 다르게 그녀는 늘 자유로웠다. 떠나고 싶으면 떠나는 것이고, 머물고 싶으면 머물렀다. 나와 다른 성격으로 살아가는 그녀를 만나서 이야기를 나누는 건 즐거운 일이었다.

 그녀와 카페에 갔던 날 마주 보고 앉아 오래도록 이야기했다. 언니는 세상에는 재밌는 곳이 너무 많은데 일만 하기에는 아까운 시간이라고 아쉬워했다. 그녀가 다녀온 여행지에서 있었던 이야기를 들을 때면 시간이 쏜살같이 가는 것 같았다. 마시고 있던 아메리카노가 거의 바닥에 가까워졌을 때 문득 궁금해졌다. 어느 날 홀연히 떠나고 늘 새로운 곳을 가보고 싶어 하는 그녀에게도 마음에 오래도록 남아있는 인연이 있을지, 있다면 그 관계는 어떤 모습이었을지 싶었다.

"언니는 다양한 사람도 많이 만나고, 친구도 많았잖아. 멀어졌거나 떠나온 인연 중에서 아직도 그리운 사람이 있어?"

그녀는 한번 가볍게 웃더니 지난 사랑 이야기를 꺼내 놓았다. 그녀의 눈은 순식간에 달라졌다. 가벼운 장난기는 사라졌고 눈동자는 꽤 고요해졌다.

"당연히 있지. 문득 생각나기도 하고, 내가 일부러 떠올리기도 하는 그런 사람이야. 나는 그 사람과의 기억에서 종종 지내다 와. 나를 꼭 닮은 사람이었거든. 같이 여행하다가 별일 아닌 걸로 헤어졌었어.

다신 보지 말자고 혼자 떠난 여행에서 우연히 그를 다시 만난 거야. 우리는 운명이라고 생각했어. 그때부터 꽤 오래 사귀었지."

부산 억양이 들어 있는 그녀의 특유 말투였다. 가만히 듣고 있으니 괜히 내가 그 추억에 들어가서, 둘만의 기억을 훔쳐보는 기분이었다.

"파리에 갔을 때 너무 좋았거든. 솔직히 말하면 그 도시는 기대했던 것보다 썩 아름답지는 않았어. 그런데도 거기가 가장 좋았다고 기억하는 건 늘 고개를 돌리면 그가 있었기 때문이야. 같이 먹는 바게트 빵 한 조각도 다 추억이더라. 내 기억 안에 아직 그 사람이 살고 있어."

그녀는 지난 인연에게 미안하다고 했다. 자유로운 영혼의 두 사람이 서로에게 정착하게 된 건 운명 같은 일이었다. 대단한 무엇이 없어도 둘이 함께 있다는 사실이 가장 중요했다. 둘은 종종 다퉜지만 금세 화해했다. 두 사람에게 큰 위기는 없을 것 같았지만, 예상치 못하게 찾아온 위기는 바로 미래에 대한 마음이었다. 자신과 꼭 맞는 퍼즐 한 조각을 찾았다고 생각한 그녀는 행복하긴 했지만, 그 사람과 영원히 함께할 수 있을 거라고는 생각하지 않았다. 긴 인생의 길에서 본인이 한 사람의 반려자로 살아간다는 건 생각해 본 적 없는 일이었다. 아무리 나이가 들어도, 지금처럼 떠나고 싶을 때 훌쩍 떠나고, 어딘가에 속박되지 않는 기분으로 자유롭게 살고 싶다는 생각이 강했다. 남자는 언니에게 평생을 약속했지만, 그녀는 남자와의 평생을 자신 없어 했다. 남자가 결혼이라는 단어를 꺼내기 시작하면서부터 그녀는 점점 불편해졌다. 그렇게 그녀는 도망치듯 남자와 헤어졌다.

커피잔에 남아있는 얼음을 먹으면서 그녀가 말했다. 그 사람이 자꾸 마음에 맺혀서 자기가 연애를 못 하는 것 같다며 한숨 섞인 푸념을 꺼냈다. 그때의 자기가 어렸던 것 같다며 조금은 후회가 된다며 쓴웃음을 지었다. 덕지덕지 묻어있는 지난 사람과의 추억들을 버리기가 싫은 건 미련인지 미안함인지 헷갈린다고 말하는 그녀의 얼굴이 조금은 슬퍼 보였다. 스스로 떠나온 인연이지만, 그 인연과 함께했던 기억이 떠나가는 건 그녀에게 무서운 일인 것 같았다. 언니의 마음을 반은 공감하고 반은 이해하지 못했지만 고개를 끄덕였다. 그녀의 눈이 고요함에서 우울함으로 넘어가려고 할 때 내가 말했다.

"그런데 있잖아, 기억은 붙잡는다고 해도 흐려지는 거야."

유감스럽지만 기억은 시간이 흐르는 만큼 흐려지는 것이 당연했다. 미안했던 기억, 씁쓸했던 순간, 다시 돌아간다면 달라졌을 거라고 수없이 되뇌어본 아쉬움의 찰나. 그 모든 것들을 일부러 곱씹으면서 스스로 옭매이게 하는 것은 무척이나 아픈 일이다. 단지 '그때 참 좋았었지'하고 웃을 수 있는 추억이 되지 못한 기억이라면 놔 주어야 한다. 좋았던 기억만 떠올리며 지금을 슬퍼할 필요도 없고, 미안했던 기억만 반복하며 자신을 우울하게 만들 필요도 없었다. 지금을 살아가야 한다면, 과거의 날들은 어디론가 보내줘야 한다.

항상 과거에는 미련이 남기 마련이다. 어렸고, 어린만큼 서툴렀고, 서툴렀기에 소중했던 기억들이라, 돌아보면 가슴 한편이 따가운 기억으로 남곤 한다. 지금의 내가 그때로 돌아간다면 다른 결정을 했을 것 같아서, 그 결정을 했더라면 오늘이라는 시간을 다른 모습으로 보낼 수 있을 것 같아서 기억에 추억이라는 이름을 덧붙여 보내주지 못한다. 계속 쥐고 있어도 달라질 건 없다는 걸 알아도, 쥐고 있는 손에 힘이 풀리지 않는다.

지난 기억 때문에 마음에 몸살이 들 때가 있다. 고열로 끓듯이 가슴 어디쯤이 뜨겁게 아리고, 오한이 오듯이 시린 그리움으로 앓아야 할 때가 있다. 울기도 하고 잔뜩 아파도 하면서 그래도 조금은 괜찮아졌을 때, 그때는 묻어야 한다. 지난 인연은 붙잡아 두는 게 아니라 마음에 묻는 것이고. 지난 기억은 지우는 게 아니라 흘러가게 하는 것이다.

 봄이 오기 전에 왜 겨울이 있는지 조금은 알 것 같았던 나는, 잠시 겨울에 머물러 있는 그녀에게 봄이 올 거라 믿으며 어깨를 토닥여주었다. 연이 다한 인연에 그만 슬퍼하고 더 많이 웃을 수 있기를 바라며.

그리움이었다

 인연의 마무리는 이렇게나 복잡한 것이라는 걸 느꼈다. 고마웠다고 웃으며 뒤돌기에는 미련이 발목을 잡고. 그만하자고 뒤돌아 걷기에는 추억이 손을 잡았다. 인연이 아니라고 강하게 뿌리치고 나와 걸어 나가야만 하는 현실은 무척이나 서글픈 일이었다.

 행복, 기쁨, 설렘, 같은 셀 수 없이 많았던 좋은 감정들이 떠올랐다 가라앉았다. 다시 물결이 파동치더니 미움, 걱정, 원망, 서운함 같은 수많았던 슬픈 감정들이 다시 떠올랐다가 소란스럽게 밑으로 가라앉았다. 잠잠해졌나 싶었던 마음이 쉴 새 없이 흐느

껐다. 시간이 조금 지나자 미안함이 불쑥 수면 위로 올라와서 온 마음을 휘젓다가 가라앉았다.

고마움, 미움, 후회, 원망, 기쁨들이 어지럽게 섞였다. 잔뜩 엉망이 된 감정들이 한데 섞여 잠잠해지더니 덩그러니 남아 가라앉아 있는 것이 있었다.
그리움이었다.

다정한 관계의 기본

　결말은 아무도 알 수 없는 것이라고 하지만, 인간관계에서는 새드엔딩이 뻔히 보이는 관계들이 존재한다. 신뢰가 처참하게 부서져 버린 관계, 한쪽만 참느라 지쳐버린 관계, 서로 이해할 줄 모르는 관계는 결국 서로에게 아픔만 남겨주고 끝나고 만다. 삐걱거리는 관계를 끌고 가더라도 행복해질 거라는 오만한 환상을 꿈꾸곤 한다. 무너진 신뢰임에도 불구하고 서로가 다시 전처럼 지낼 수 있을 것이라는 헛된 믿음. 혼자서만 참는 관계라 해도 무한히 인내할 수 있을 거라는 허황된 자신감. 본인은 상대를 이해할 생각이 없지만 상대는 나를 이해해야 한다는 이기심. 이런 무모한 생각으로 이어지는 관계의 끝에는 극적인 반전의 장면이 나오지 않는다. 모두가 예상한 모습 그대로 새드엔딩으로 관계의 막이 내리고 만다.

일하면서 만난 동료가 있었다. 그랬던 탓에 서로 친절히 대하려 애썼지만, 어느 정도 선을 지키려 노력했던 관계였다. 몇 번 개인적인 사담을 나누면서 생각하는 방향이 닮아있다는 걸 알아챘고, 점점 친해질 수 있었다. 그녀에게는 오래된 소꿉친구가 있었다. 오래된 만큼 서로에게 좋은 영향을 주는 건강한 친구 사이라고만 알고 있었다. 그녀가 어느 날 나에게 조심스럽게 고민을 토로했다. 본인의 친구에 대한 이야기였다.

소꿉친구는 몇 년 전에 그녀의 남자 친구와 바람이 났었다. 그녀는 남자 친구와는 헤어졌지만, 친구와는 멀어지지 않았다. 남자가 자신의 친구를 꼬드겼기 때문에 넘어간 것이라고 굳게 믿었다. 바람을 피운다는 건 둘 다의 잘못일 텐데도, 그녀는 남자의 잘못으로만 여기고 친구와의 관계를 계속 유지했다. 그 후로도 그녀의 애인을 소개할 때면 친구는 오묘한 말을 했다.

"네 남친 저녁 먹을 때 나 계속 보던데, 단속 잘해야겠어."

전적이 있던 터라 그녀는 그런 대화 자체가 불편했다. 아무리 괜찮은 척해도 이미 깨져버린 신뢰였기에, 또 자기 친구가 애인과 무슨 사이가 아닐지 불안한 마음에 애인의 핸드폰을 확인했다. 거기에는 역시나 자신의 친구와 연락을 주고받은 흔적이 남아 있었다. 왜 둘이 굳이 연락한 것이냐며 친구에게 묻자, 남자가 먼저 연락이 온 걸 어떡하냐며 되려 당당하게 나왔다. 그녀는 이번에도 남자의 잘못이라고 넘기고 말았다.

그녀는 결혼을 전제로 진지하게 만나는 애인이 생겼다. 남자와의 시간은 안정적이었다. 별일 없던 날을 보내던 중 애인이 그녀에게 불편함을 토로했다.

그녀의 소꿉친구라는 여자가 자꾸 본인의 SNS 다이렉트 메시지를 보낸다는 것이었다. 남자가 보여준 메시지 함에는 그녀의 친구가 먼저 치근덕거리는 흔적이 가득했다. 세무사였던 그녀의 애인에게 상담을 원한다면서 만나자고 한다던가, 아는 오빠가 술집을 열었다면서 같이 가자고 하는 내용들이었다. 남자는 인상을 구기며, 이왕이면 이런 친구와는 끊어내는 게 맞을 것 같다고 말했다.

그녀는 친구를 찾아갔다. 오랜 우정의 작별을 고하려고 간 것이었다. 마지막까지 오히려 당당하고 미안함을 모르는 친구에게 실낱처럼 남았던 일말의 정도 사라지게 됐다. 그냥 둘이 세무 상담을 하려는 건데 그게 무슨 문제냐. 상담비 대신에 밥을 사주려는 것이었다. 이렇게까지 남자를 구속하니까 결국 남자가 바람이 나는 거다. 친구는 본인이 어떤 걸 잘못하고 있는 것인지 아무것도 모르고 있었다. 그녀는 미련 없이 그 친구와 관련된 모든 것을 차단했다.

같은 산부인과에서 태어났고, 같은 아파트에서 살았던 친자매와도 다름없던 친구를 끊어내기가 그녀로서는 힘든 일이었을 것이다. 좋아하는 사람이기에 이왕이면 그 사람의 말을 믿어주고 싶고, 어딘가 이상한 걸 알면서도 넘어가 주고 싶었던 마음의 결과가 결국 조각난 우정으로 돌아오게 되었다.

 깨져버린 유리컵을 다시 붙여본다고 해도 전처럼 돌아가지 못한다. 아무리 튼튼한 돌이라 해도 하염없이 떨어지는 물방울을 속절없이 맞다 보면 파이고 파이다가 조각나고 만다. 극히 희박한 확률의 예외가 본인이 될 수 있을 거라는 무리한 희망은 유감스럽게도 예외가 될 수 없다는 자조적인 낙담을 가져올 뿐이다.

 당신의 마음을 소중히 여길 줄 모르는 사람과의 관계를 억지로 끌고 가지 않았으면 좋겠다. 믿음을 가볍게 져버리고, 일방적인 이해를 강요하는 사람과의 결말은 해피엔딩일 수 없다. 세상에는 마음을 쓰기만 하는 사람과 받기만 하는 사람으로 나뉘어있지 않다. 한쪽이 마음을 쓴다면, 다른 한쪽도 마음을 쓰는 것이 다정한 관계의 기본이다. 어딘가 모르게 껄끄럽고 서러운 관계 안에서 본인은 다를 것이라며 자신의 멍든 마음을 모르는 체하지 않아야 한다.

이미 신뢰가 흔들리고, 불안한 사이인데도, '우리는 특별해.' '그 사람은 유일해.' 같은 말로 애써 참아보려 노력하지 않아도 된다. 특별하다고 믿는 그 관계는 지나고 보면 특별하지 않을 것이고, 유일하다고 믿는 그 사람을 떠나보내고 나면 유일하지 않을 것이다. 정말로 특별하고 유일한 사이라면 당신의 마음이 속상함으로 물들지 않도록 노력할 테니까.

남은 생은
부지런히 행복하길

다니던 요가원에 나이가 지긋한 수강생이 있었다. 나는 수업이 끝나면 곧장 집으로 가버려서 다른 수강생들과 간단한 눈인사만 하는 정도였었다. 나와는 다르게 그녀는 수업 전에도 여러 사람을 챙기고, 수업이 끝나도 이런저런 담소를 나누곤 했었다. 손재주가 좋은 편인지, 종종 직접 뜨개질로 만든 키링이나 컵 받침을 나눠주기도 했었다. 받기만 하는 게 미안해서, 내가 썼던 책 몇 권을 선물해 드렸었다. 그 후로도 계속 가볍게 인사만 하는 사이였지만, 괜스레 마음은 가까워진 것 같았다.

한 번도 수업을 빠지지 않던 그녀가 한동안 수업

에 나오지 않았다. 따로 그녀의 연락처도 모르고, 대뜸 그분은 왜 안 나오시는 거냐며 선생님에게 물어보기도 불편해서 별생각 없이 넘어갔었다. 한 달 정도가 지나자 다시 요가원에서 그녀를 볼 수 있었다. 내심 반가워서 그동안 잘 지내셨냐고 물었다. 그러자 그녀는 활짝 웃으며 딸이 갑자기 멀리 갈 일이 생겨서 배웅해 주고 왔다고 답했다. 해외로 유학 갔거나, 취업했나보다 싶었다.

당시 나는 시나리오 공모전에 출품할 작품을 쓰느라 정신이 없었다. 요가라도 해야지 삶의 균형이 맞춰질 것 같아서 꼬박꼬박 요가원에 잘 다니고 있었다. 요가 매트를 깔고 앉아 있는데, 그녀가 가까이 다가왔다. 무슨 일이시냐 묻자, 그동안 여유가 없어서 못 읽었는데 얼마 전부터 내가 준 책들을 읽고 있다고 했다. 혹시 시간이 되면 작가와 독자로서 커피 한잔을 해도 되냐고 조심스럽게 물어왔다. 사실 수정할 부분이 많아서 시간이 없었지만, 왜인지 모르게 그녀의 제안을 거절하고 싶지 않았다.

요가원 근처 카페에서 차를 마셨다. 그녀는 나에게 어쩜 이렇게 글을 잘 쓰냐며 과분한 칭찬을 했다. 이런저런 담소를 나누다가 그녀는 조금 망설이더니 입을 떼었다.

"사실, 얼마 전에 딸이 갑자기 하늘나라로 갔어요. 그래서 요가하러 올 여력이 없었어요. 애 아빠도 심장 때문에 일찍 갔는데, 지 아빠 따라서 가버렸네요. 둘이 만났으려나..."

애써 괜찮은 척 웃으며 말하는 그녀의 눈동자가 무척 슬퍼 보였다. 그녀는 딸이 열세 살이 되던 해에 남편의 장례를 치러야 했다. 원인은 급성 심근경색이었다. 사랑하는 사람이 떠났다는 슬픔에 오래 빠져있을 수도 없었다. 당장 딸과 단둘이 살아가야 하는 현실이었다. 아무리 힘들고 무너질 듯 슬퍼도, 딸을 위해서 약해지면 안 된다며 일어났다.

그녀는 식당 일도 했고, 마트 캐셔 일도 했고, 물류센터 일도 했다. 딸을 키우기 위해 아무리 고된 일이라 해도 서슴지 않고 할 수 있었다. 딸이 하루하루 커가는 모습을 보는 것만으로도 그녀에게는 행복이었다. 착하고 성실했던 딸은 엄마에게 열심히 공부해서 엄마 걱정 없이 살게 해주겠다고 약속했다. 딸은 사춘기도 없이 학창 시절을 보냈다. 성인이 된 순간부터는 혼자서 모든 생활비를 아르바이트로 벌어서 살만큼 생활력이 강한 아이였다.

딸은 대학을 졸업하고 취업해서 받은 첫 월급을 엄마에게 전부 줬다. 받지 않겠다고 마다하는 엄마에게 자신이 꼭 해보고 싶었던 일이었다면서 엄마의 손에 쥐여줬다. 둘은 소박하지만 행복으로 가득 찬 일상을 보냈다. 뜨개질이 취미였던 두 사람은 저녁이면 거실에 앉아 오순도순 뜨개질하며 시간을 보냈다. 잔잔하고 따뜻한 날들을 보내던 중, 딸에게 갑자기 심장마비가 찾아온 것이다.

가족력일 수도 있고, 과로일 수도 있고, 스트레스 때문일 수도 있다는 말은 딸을 잃은 엄마에게 들리지 않았다. 이미 떠나버린 후에 원인을 찾아본들 아무 소용이 없었다. 언젠가 딸과 헤어져야 한다면, 당연히 본인이 먼 훗날 노화로 인해 딸의 배웅을 받으며 떠날 것이라고만 생각했던 그녀에게 찾아온 너무나 큰 절망이었다.

 평생 모르고 싶었던 자식을 마음에 묻는 감정이 무엇인지를 처절하게 느껴야 했다. 딸의 옷들을 정리하다가, 화장대 위의 화장품을 보다가, 신발장에 있는 딸의 운동화를 보다가, 하루에도 몇 번씩 이 세상에 없는 딸의 부재에 아파할 수밖에 없었다. 이제는 왜 살아야 하는 것인지 의미조차 찾을 수 없었다.

 그러다 우연히 옷장을 정리하다 딸이 신생아 때 덮었던 자그마한 퀼트 이불을 발견한 것이다. 딸을 임신했던 기간 내내 조각 천을 이어 붙이고 또 이어

붙여서 그녀가 직접 만든 것이었다. 그 이불을 만드는 내내 생각했었다. '우리 아이가 행복하게 해주세요.' 한땀 한땀 바느질을 할 때마다 자식을 향한 애틋한 마음을 꾹꾹 눌러 담았던 이불이었다. 그녀는 그 이불을 끌어안고 한참을 울어야 했다. 뱃속에서 꼬물거리던 태동을 느끼던 순간부터 품에 안겼던 어린 시절을 지나, 어엿한 성인이 되어 엄마에게 용돈을 쥐여주던 순간까지 한순간도 사랑하지 않은 순간이 없던 시간들을 떠올렸다.

엄마의 행복이 본인의 행복이라고 말했던 딸에게 해줄 수 있는 건, 이제 남은 생을 부지런히 행복하게 살아가는 것이었다. 신도, 사후세계도, 아무것도 믿지 않지만, 딸이 어딘가에서 자신을 보고 있다는 건 믿고 싶었다. 그녀는 더는 울지 않고서 용감하게 살아갈 수 있게 됐다.

그녀는 나에게 책을 선물해 준 것도 고맙고, 이렇게 이야기를 들어준 것도 고맙다고 했다. 마음이 차츰 나아지면서 선물해 준 책을 읽고 있는데, 그게 참 많은 위로가 된다며 내 손을 잡았다. 자기 딸과 비슷한 나이 또래인 나에게 한 번쯤은 본인이 겪었던 이야기를 해주고 싶었다고 했다. 사람은 어떻게든 살아진다는 걸 이제야 알았다면서, 자신을 위로해줘서 고맙다고 말하는 눈동자를 보고 애써 눈물을 참아야 했다. 나는 별다른 말을 할 수가 없었다. 감히 헤아릴 수 없는 슬픔을 이겨내고 있는 그녀에게 응원을 전하는 것 말고는 어떤 말도 나오지가 않았다.

"저, 선생님. 저랑 친구 해요. 가끔 이렇게 차도 마시고 밥도 먹어요. 저한테 따님 이야기 편히 하셔도 돼요. 저도 글 쓰면서 힘들었던 일들 다 이야기할게요."

그 후로 서른 살 가까이 나이 차이가 나는 우리는 요가 친구가 됐다. 서로의 안부를 묻고, 마음의 평화를 바라는 사이로 지내고 있다. 전에 겪어왔던 우정과는 조금은 다른 모양의 우정이다. 조금 더 의지되고, 따뜻하고, 포근한 우정을 키워나가고 있다. 세상에는 다양한 관계가 있고, 또 그 관계 안에서도 여러 모양이 있다. 나와 선생님은 아주 특별한 우정을 나누는 중이다.

오랜 시간을 알아 온 사이가 아니라 해도 힘듦을 털어놔도 괜찮은 사람도 있고, 대가 없이 상대가 행복했으면 하는 관계도 있다. 혼자서 용감하게 살아가기 위해서는, 가끔 마음을 터놓고 잠시 쉬어갈 존재가 필요한 법이니까.

"엄마의 행복이 너의 행복이라고 말했던 내 딸아."
"다시 만나게 되는 그날에
우리 못다한 이야기를 나누자.
그땐 아주 오래도록 우리의 이야기를 마음껏 나누자."

선물 같은 인연

인생의 청사진을 그리곤 한다. 몇 살 때는 무엇을 해야지, 어느 때에는 이걸 이뤄야지 같은 계획들을 세우고 희망하면서 살아간다. 모든 걸 완벽히 이뤄 낼 수는 없어도, 어느 정도 자신이 계획한 것들과 비교하기도 하고 목표를 수정하기도 하면서 발걸음을 내디딘다.

유난히 인간관계가 어려운 이유는 어디에도 관계의 청사진은 없기 때문이다. 몇 살 때는 어떤 친구를 만나야지, 어느 때에는 이런 사람을 만나야지 같은 계획을 세울 수도 없고, 세운다고 해도 그것을 현실로 만드는 건 거의 불가능에 가까운 일이다.

관계를 맺고 끊는 건 마음이 하는 일이다. 아무리 속으로 '말을 따뜻하게 하는 사람을 만나야지'라고 생각하더라도, 정작 내 마음이 어떤 사람을 향해 가 버릴지는 아무도 알 수가 없다. 관계에 대해 세워놓는 계획이 부질없어지고 만다.

나는 계획 세우기를 좋아하는 사람이다. 물론 그 계획을 지키지는 못하지만, 이왕이면 계획하고 그에 맞춰서 살아가는 게 마음이 편했다. 종종 꿈을 꿔보고, 목표를 향해 걸어가는 고된 과정을 이겨내는 성취감을 좋아한다. 어렸을 때부터 나름대로 인생 계획을 세우곤 했었다. 실은 계획대로 되지 않은 일들이 더 많았다. 모든 게 뒤틀리고 망가진 것 같은 삶을 버티게 해준 건, 전혀 예상에 없던 인연들 덕분이었다. 내 계획에는 없던 인연을 맺고, 생각해 보지도 않은 인연들과 시간을 보내면서 고단한 삶의 길을 지치지 않고 걸어왔다.

어릴 적부터 친한 친구가 당연히 평생 친구가 될 거라 생각했고, 학생 때 만난 친구는 우정의 관계이지만 동시대를 살아가는 경쟁자이기도 해서 멀어질 거라고 생각했고, 사람에게 상처받아 겁을 먹고 있던 나는 새로운 친구들을 사귀지 못할거라고 생각했었다. 나의 모든 생각은 다 틀렸었다. 가장 오래 알고 지냈던 친구는 나에게 큰 실망감을 줬고, 서로 어떻게 살고 있는지도 모를 만큼 멀어졌다. 경쟁자이기도 했던 친구들과는 여태까지 함께하며 서로의 결혼식에서 축사를 해줄 정도로 가까운 사이로 살아가는 중이다. 믿었던 친구에게 다쳐서 고슴도치 같았던 나를 아무렇지 않게 끌어안아 준 사람들은 생각보다 많았다. 우연히 만난 인연들이 모이고 모여 나는 좋은 사람들이 주변에 가득한 사람이 되어있었다.

인턴 동기가 한 명 있었다. 사회 친구라는 선입견 때문인 것인지 그녀와는 깊이 친해지진 않았다. 출근해서 인사하고, 같이 점심 먹고, 퇴근할 때 인사하는 정도의 친밀함이 전부였다. 괜히 상사들의 눈치가 보여서 서로 의지할 수밖에 없었다. 둘 다 일처리에 대해서 아는 것은 별로 없었지만, 모르는 사람끼리 도와가면서 일을 처리하는 협력적인 관계였다. 딱히 속 이야기를 해보지도 않았고, 서로 어떤 사람인지 자세하게는 알지 못했다. 착하고 일 잘하는 친구 정도로만 인식하고 있었다.

주말 아침, 평소라면 늦잠을 잤을 텐데 유난히 눈이 일찍 떠진 날이었다. 별생각 없이 핸드폰을 열었는데, 부고 문자가 와있었다. 인턴 동기의 아버지가 돌아가셨다는 메시지였다. 그녀의 고향은 부산이었다. 그때의 나는 이십 대 어린 나이였다. 누군가의 조부모님이 아닌 부모님 중의 한 분이 돌아가셨다는 사실이 낯설었다. 나보다 훨씬 더 낯설고 무서울 그녀가 걱정됐다. 가장 빠른 시간에 있는 부산행 KTX 표를 예매했다. 면접 때 입었던 검정 정장을 입고 서둘러 부산으로 향했다.

장례식장에 도착하자 그녀가 보였다. 검은색 생활한복을 입고서 퉁퉁 부은 눈으로 앉아 있는 모습을 보자 괜히 눈물이 왈칵 쏟아졌다. 그녀의 아버지께 인사를 드리고, 그녀와 맞절했다. 그리고 그 정도로 친한 사이는 아니었던 것 같은데, 속도 없이 눈물이 너무 많이 나와서 엉망인 얼굴로 그녀를 끌어안았다. 그녀는 울음이 터진 나 때문에 같이 한참을 울었다. 밥을 먹고 가라는 그녀의 말에 따라 육개장을 앞에 두고 혼자서 조용히 훌쩍이느라 밥을 거의 먹지도 못했다. 그때는 무슨 생각이었는지 모르겠지만, 화환이 얼마 없었던 빈소가 마음에 걸려서 주섬주섬 화환을 주문하고서야 집으로 돌아왔다.

며칠 후 회사에서 만난 그녀는 내게 고마웠다며 몇 번이나 말했다. 너무 멀어서 당연히 오지 않을 것이라고 생각했는데 와줘서 큰 힘이 됐다며 내 손을 잡았다. 경황이 없어서, 그때는 고맙단 말을 못 했다며 미안했다고 말하는 그녀에게 당연히 갔어야 했던 거라고 답했다. 모든 딸의 첫사랑은 아빠라고 하는데, 그 사랑을 떠나보내는 슬픔을 감히 다 알지는 못해도 가서 위로하고 싶었다고 말했다.

그 후로 그녀와 나는 직장 동료가 아닌 친구가 되었다. 나도, 그녀도, 우리가 이렇게 가까운 사이가 될 것이라고 예상해 본 적은 없었다. 그냥 인턴기간에 같이 밥 먹을 사람이라고 생각했었다. 예상하지 못했던 순간에 마음이 가는 대로 행동했고, 덕분에 좋은 친구가 생길 수 있었다. 만약 그때, 부고 문자를 보고서 조의금만 보냈더라면 어떻게 됐을까 싶다. 아마 좋은 친구 한 명을 놓친 채 살아가고 있을 것이다.

인간관계에서 다치게 될지 모른다 해도, 여전히 마음이 시키는 대로 결정하고 있다. 계획하고, 따져 본다고 해서 원하는 사람만 만날 수 없다는 걸 안다. 인간관계에서 내가 어떤 경험을 하게 될지 미리 알 수 있는 방법은 아무것도 없다. 그러니 직접 부딪혀봐야 하고, 만나봐야 하는 수밖에 없다. 다정한 사람인 것처럼 보였지만, 모난 사람이었다면 너무 마음 아파하지 말고 뒷걸음질 치는 단호함만 있으면 된다. 반대로 첫인상은 그다지 좋지 않았어도, 막상 만나볼수록 따뜻한 사람이라는 게 보이면 주저하지 말고 가까이 갈 용기가 필요한 법이다.

  삶은 예상치 않은 순간에 선물 같은 인연을 만들어준다. 잘 풀리지 않은 순간, 슬픔에 빠진 순간. 실패에 의기소침해지는 순간에 주눅 들어있는 나를 구원해 주러 온 요정 같은 사람을 만나게 해준다. 기뻤고 때로는 슬펐던 모든 순간에 꼭 필요했던 다정한 인연이 되어준 사람들이 있었기에 오늘을 더 잘 살아가고 있다. 앞으로의 날들에서도 우연히 만나게 되고 닿게 되는 인연을 놓치지 않고 싶다. 갑자기 나타난 누군가가 나의 좋은 벗일지도 모르니까.

관계 안에서
자주 몸살을 앓고, 헤매고 있다면.

 아리스토텔레스는 '인간은 사회적 동물이다'라고 말했다. 개인으로 존재하더라도, 사회를 형성하고, 끊임없이 사람들과 상호작용을 하면서 살아간다고 했다. 사람은 애초에 완벽한 존재가 아니기에 사회적 동물이 됐을지 모른다는 생각이 들었다.

 가족, 친구, 연인 같은 모든 관계에서 결국 한 사람만의 희생으로 건강하게 유지되는 관계는 없다. 누군가가 다른 사람의 부족한 점을 채워주고, 서로를 응원하고, 용기를 북돋아 주면서 그 관계의 역할이 순기능을 하게 되는 것이다. 각자의 단점에만 치중해서, 단점을 약점으로 만들고, 약점을 공격하는 일에만 몰두하다 보면 어떤 관계라 해도 금방 무너지기 마련이다. 단점을 서로 보완하고 능동적으로 이해하는 과정에서 사람은 비로소 사회화가 완성되는 것 같다.

인간관계 안에서 자신과 함께 그걸 구성하고 있는 이들이 완벽할 수 없다는 걸 인정하는 것만으로도 마음은 한결 가벼워진다. 완벽한 사람을 만나겠다는 욕심을 버리는 것이 아니라, 사람이기 때문에 당연히 완전할 수 없다는 사실을 인정하는 것이다. 무례한 언행, 윤리의식에 어긋나는 행동 같은 치명적인 단점을 가진게 아니라면, 한 번쯤은 상대의 부족한 점을 이해하고 도와주려 노력해 봐도 괜찮다.

관계에서 현명한 사람이 어떤 사람일지 고민했었다. 완벽한 사람도 아니고, 무조건 착한 사람도 아니고, 일만 잘하는 사람도 아니었다. 자신의 부족한 점과 상대의 보완점을 인지하고서, 같이 성장하기 위해 노력하는 사람이었다. 완전함을 동경하면 옆사람을 지치게 만들고, 부족한 점에만 몰두하면 곁에 있는 사람을 주눅 들게 만든다. 완전함과 불완전함의 사이에서, 부족하더라도 함께하다 보면 언젠가 온전해질 것이라는 믿음이 관계를 더 결속력 있게 만들어주는 법이다. 관계 안에서 자주 몸살을 앓고, 헤매고 있다면, 잊지 않았으면 좋겠다. 불완전한 사람들이 만나 이해심으로 모난 틈을 채워내야 마침내 완전함에 가까운 관계의 모양을 얻게 된다는 사실을.

당신은 이미
충분히 좋은 사람입니다.

 사람은 누구나 자기가 만나는 사람이 좋은 사람이길 바란다. 그 사람이 좋은 사람인 것 같다며 누군가에게 말하기도 한다. 그리고 그 사람의 본모습을 보게 되면 이렇게 말한다.

 "나는 사람 볼 줄을 모르나 봐."

 이상한 사람을 미리 알아보지 못한 자신을 탓하기도 하고, 좋은 사람을 만나지 못한 본인의 운을 원망하기도 한다. 실은 자기 잘못도 아니고, 운 때문도 아닌데도, 본인의 사람 보는 안목을 끊임없이 의심하고 비하하려 한다.

자신이 좋은 사람이 되면 곁에 좋은 사람이 온다는 말을 떠올리며, 본인이 좋은 사람이 아니었기에 그런 것인가 자책하기도 한다. 자신이 별로라서 그런 사람이 곁에 왔던 게 아닌가 실망 섞인 생각을 할지도 모른다.

사실 우리는 답을 알고 있다. 세상은 내가 바라는 대로 움직여지지 않는다는 걸. 그렇기에 예상하지 못했던 불쾌한 인연을 만나기도 하고, 무례한 인연에 상처받기도 하는 것이다. 그것이 누구의 탓도 아니고, 불운함도 아니다. 관계 안에서 서로 부딪혀서 다치기도 하고, 껄끄러움에 눈살을 찌푸리기도 하면서 어떻게 살아가야 하는지 차츰 알게 된다. 인간관계에서 실패의 경험이 있고, 아픔의 흔적이 있다는 것은 그만큼 단단해졌다는 뜻이다.

어렵고 복잡한 인간관계에서 마음을 다쳤다면 그것은 당신의 탓이 아니다. 성장을 위해 어쩔 수 없이 겪어야 했던 성장통일 뿐이다. 부서진 관계의 파

편을 들고서 아파하지 않았으면 좋겠다. 온전하지 못했던 지난 인연들로부터 생겨난 애달픈 감정과 미련을 놓아주어도 된다. 시간은 약이 아니지만, 시간이 지나야 깨닫게 되는 것도 있다. 지나간 인연들이 준 상처들이 흐려질만큼 시간이 흐르면 흉터로 남은 기억들 덕분에 이만큼 자라있다는 걸 느끼게 될 것이다.

아마 앞으로도 우리는 사람들에게 치이기도 하고, 아파하기도 하고, 행복해하기도 하면서 살아갈 것이다. 어떤 관계 안에서 무슨 일이 있다 하더라도 잊지 말아야 할 사실이 있다.

당신은 이미 충분히 좋은 사람이다.

모든 사람에게 좋은 사람일 필요는 없어

© 김유은 2024년

초판 1쇄 인쇄 2019년 09월 27일
초판 215쇄 인쇄 2024년 06월 20일

개정증보판 1쇄 인쇄 2024년 08월 23일
개정증보판 12쇄 발행 2025년 11월 17일

지은이 ㅣ 김유은 / **인스타그램** @oeouoo

삽화 ㅣ 서승연
인쇄 ㅣ 책과6펜스
펴낸이 ㅣ 박우성
펴낸곳 ㅣ 좋은북스
신고번호 ㅣ 제2019-00003호
전화 ㅣ 031-939-2384
팩스 ㅣ 050-4327-0136
전자우편 ㅣ goodbooks_@naver.com
인스타그램 ㅣ @goodbooks.official

ISBN 979-11-90764-37-7 03810

· 이 책의 저작권은 출판사와 저자에게 있습니다.
· 이 책은 저작권법에 의하여 보호를 받는 저작물이므로 출판사의 허락 없이 내용의 일부를 인용하거나 발췌하는 것을 절대 금합니다.